比较之书
认识我们的世界

[英]克莱夫·吉福德 著 [英]保罗·波士顿 绘 鞠强 译

这里展示的是
亚马孙巨人食鸟蛛的实际大小，
它的足展可以达到
28厘米长，
体形和一个大号餐盘差不多大。

图书在版编目（CIP）数据

比较之书：认识我们的世界 /（英）克莱夫·吉福德著；（英）保罗·波士顿绘；鞠强译. —— 福州：海峡书局, 2022.4（2023.7重印）

书名原文: The Book of Comparisons

ISBN 978-7-5567-0909-0

Ⅰ.①比… Ⅱ.①克…②保…③鞠… Ⅲ.①科学知识–少儿读物 Ⅳ.①Z228.1

中国版本图书馆CIP数据核字(2022)第012292号

The Book of Comparisons

First published in the UK in 2018 by Ivy Kids, an imprint of The Quarto Group

Copyright © 2018 Quarto Publishing plc

本书中文简体版权归属于银杏树下（北京）图书有限责任公司

著作权合同登记号 图字：13-2021-066号

审图号：GS（2021）6683号

出 版 人：林 彬	
选题策划：北京浪花朵朵文化传播有限公司	
出版统筹：吴兴元	编辑统筹：彭 鹏
责任编辑：廖飞琴 黄杰阳	特约编辑：姬越蓉
营销推广：ONEBOOK	装帧制造：墨白空间·闫献龙

比较之书：认识我们的世界
BIJIAO ZHI SHU: RENSHI WOMEN DE SHIJIE

著 者：[英] 克莱夫·吉福德	绘 者：[英] 保罗·波士顿
译 者：鞠强	出版发行：海峡书局
地 址：福州市白马中路15号海峡出版发行集团2楼	
邮 编：350001	
印 刷：鹤山雅图仕印刷有限公司	开 本：940毫米×1092毫米 1/12
印 张：8	字 数：100千字
版 次：2022年4月第1版	印 次：2023年7月第4次印刷
书 号：ISBN 978-7-5567-0909-0	定 价：99.80元

读者服务：reader@hinabook.com 188-1142-1266
投稿服务：onebook@hinabook.com 133-6631-2326
直销服务：buy@hinabook.com 133-6657-3072
官方微博：@浪花朵朵童书

后浪出版咨询(北京)有限责任公司 版权所有，侵权必究

投诉信箱：copyright@hinabook.com fawu@hinabook.com

未经许可，不得以任何方式复制或者抄袭本书部分或全部内容

本书若有印、装质量问题，请与本公司联系调换，电话010-64072833

本书中所有地图均来自原版书

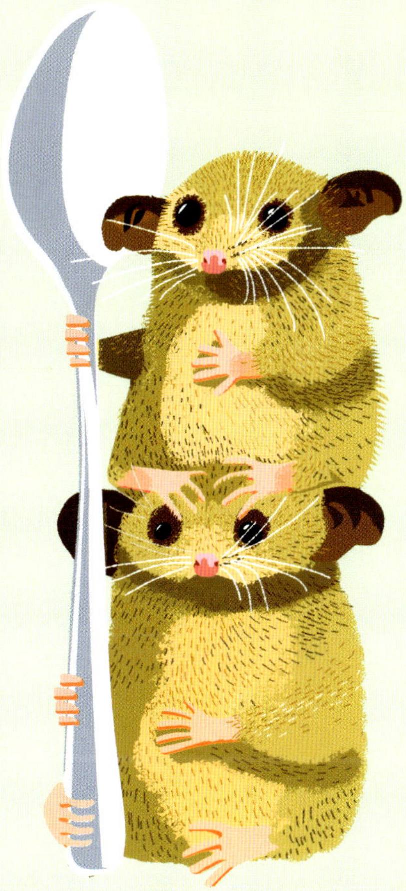

目 录

6	**关于本书**	
8	**大有多大？**	你的脑中要有测量的想法
10	**人口数量**	人类如何适应地球
12	**人体尺寸**	测量和人体有关的数据
14	**地球的能量**	评估自然的力量
16	**能量的消耗**	探索能量是如何产生、测量和使用的
18	**气象奇观**	观测最强大、最潮湿和最离奇的气象
20	**水的世界**	怎么把地球上所有的水加起来
22	**植物的生命**	从微小的种子到巨大的树木
24	**不要向下看**	比较最高的动物、树木、建筑和山脉
26	**令人惊叹的高度**	在平流层能看到多高的地方
28	**隐藏的深度**	地球上最深、最黑暗的地方
30	**海底的生命**	测量海浪之下的世界
32	**冷和热**	谁可以忍受世界上的极端温度
34	**地球上的长度之最**	人造与天然
36	**漫长的旅程**	交通工具、人类和蝴蝶所通过的距离
38	**我们在太空中的位置**	一个令人惊讶的比较
40	**浩瀚的宇宙**	从太阳系到宇宙，看看那些遥远的地方
42	**万有引力**	感受这种力量，看看你在不同的行星上有多重
44	**巨大的昆虫**	比较世界上最大的昆虫，比较节肢动物和软体动物
46	**小小的动物**	比较地球上最小的生物
48	**微观世界**	观察那些肉眼看不到的东西
50	**最大的和最重的**	巨大的生物，更大的生物

52	**大家伙**	世界上最大的动物有多大
54	**恐龙时代**	小恐龙和大恐龙
56	**超级捕食者和排泄物**	超大的胃口和巨大的粪便
58	**勇敢而危险的挑战**	权衡挑战带来的风险
60	**运动纪录**	体育世界中关于踢、投掷和跳跃的纪录
62	**跳!**	自然界和人类世界中最远的一次跳跃
64	**速度竞赛**	空中、陆地上和水里最快的生物
66	**海陆空运载工具**	空中、陆地上和水里最快的交通工具
68	**长长的交通工具**	最长的交通工具有多长
70	**太空竞速**	了解航天飞行器的大小和速度
72	**巨大的机器**	比较巨型机器的力量
74	**放大镜和磁铁**	世界上最大的两个机器一决胜负
76	**最强壮的动物**	人类和角蜣螂谁更强
78	**致命的动物**	世界上最危险的生物是什么
80	**敏锐的感官**	比较人类和其他动物的感官
82	**生存能力**	地球上最顽强的生命以及它们如何存活
84	**生育与成长**	比较植物、动物和人类的生长速度
86	**寿命**	谁的寿命最长
88	**把地球的历史缩成一年**	把地球的历史按比例缩成一年
90	**发现更多**	关于拓展阅读和研究的建议
92	**索引**	
96	**我们如何衡量事物**	

关于本书

我们一直都在比较身边的事物

从观察谁是你们班里最高的人，到挑选出咖啡馆里最大的一块蛋糕。其实，比较的对象可以不仅是人或蛋糕。事实上，比较这件事情可以变得非常奇妙，让你充满想象力和激情！

用比较的眼光去观察和丈量这个世界。你可以将海啸巨浪与建筑物进行比较，将树木和大型喷气式客机进行比较，将蜘蛛和一个句号进行比较。观察山脉、桥梁和摩天大楼，比较它们的大小，或者将它们倒过来，看看它们能触及地球上多深的地方。探索我们最强大的机器和众多发明是如何与自然力量抗衡的，再前往最遥远的太空，看看我们的星球与其他天体相比是什么样子。

一路上，你会遇见令人惊奇的生物，发现不可思议的事情：一棵树可以储存超过770个浴缸容量的水，在250多年前就庆祝过自己4000岁生日的珊瑚，还有体长比一支铅笔还短的成年鲨鱼……

是时候用全新的眼光看世界了！

地球上水资源的总量约为 **13.86亿**立方千米，和616万亿个奥运会标准游泳池（体积约为2250立方米）的水量差不多。

2005年，高迪奥·卡佩里尼创造了F1摩托艇比赛的最高时速纪录——**256.2千米/小时**，这个速度比很多汽车还要快。

一道闪电可以将周围的空气加热到近 **28000℃**，这大约是太阳表面温度的 **5倍**。

朱红蜂鸟体长只有大约7厘米（不包括喙），但是它每秒钟飞行距离可以达到体长的 **385倍**，这比某些航天飞机重返大气层时的每秒钟飞行距离与飞机长度之比还要高。

让我们开始比较吧！

一般积雨云长度可达1千米，含水量约 **50万** 升。

有记录以来最高的海啸巨浪达到了524米，这几乎是难以想象的。海啸前进的最高速度超过 **800千米/小时**，和一些喷气式飞机一样快。

这朵云的重量大约和 **83头** 大象（非洲象平均体重约6吨）一样。

飞得最高的昆虫之一是大黄蜂，它的飞行高度可以达到 **9千米**，比珠穆朗玛峰还要高。

大王乌贼的一只眼睛有足球那么大，这能帮助它们在黑暗的深海里看清东西。

游隼是世界上俯冲速度最快的动物，可以达到 **389千米/小时**，是猎豹奔跑速度（约113千米/小时）的3倍多。

一只蓝鲸舌头的重量就差不多是一头大象体重的2/3。

有记录以来，立翅旗鱼的速度最快可以达到 **129千米/小时**，这比猎豹的时速还要快16千米。

大有多大？

你很难想象一个你从来没有见过的东西究竟有多大，尤其是当它们真的非常大或非常小的时候。这时，如果有一个明确的数据会很有用，但是，这个数据可能在你的眼中并没有任何意义。所以，还有另一种办法来感受事物的大小，就是把它和你见过的东西进行比较。

你拿来作比较的事物就是"参照物"。你可以选择任何事物作为你的参照物，有时候使用不常见的事物会很有趣，比如蓝鲸和国际空间站。当然你会发现用铅笔、足球场或一个10岁的孩子等常见的参照物来做比较更容易。

一些参照物有固定的数据，但是大部分参照物的数据是会发生变化的，例如不是所有的蓝鲸或10岁的孩子都完全一样。因此，我们需要进行很多研究来获取科学的数据，才能得出专家认可的结果。

翻到第96页，发现更多精彩内容！

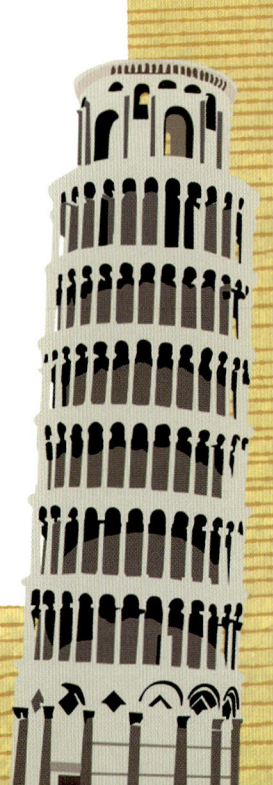

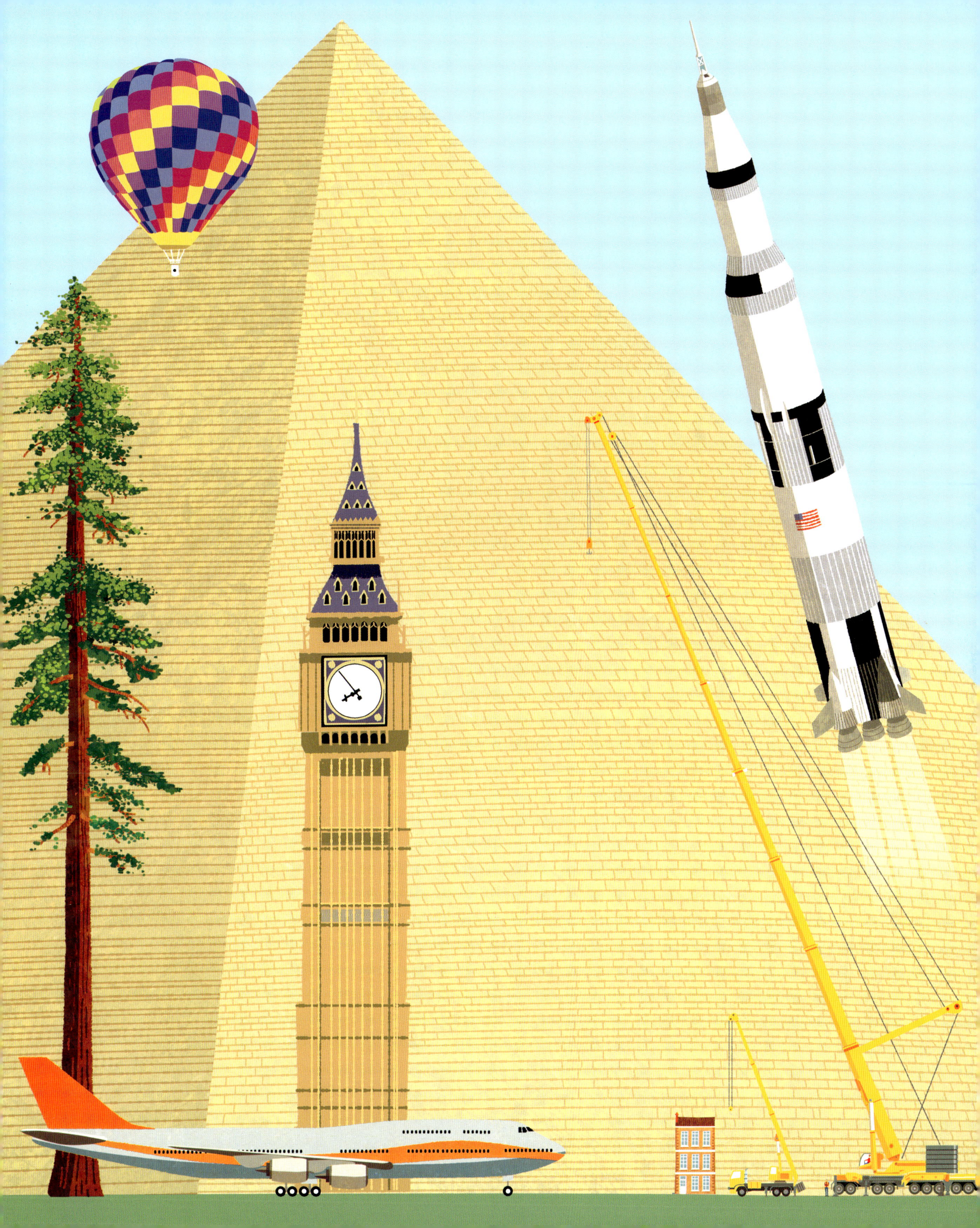

人口数量

公元元年，地球上大约有2.5亿人口。到2020年，全世界人口数量已经高达75亿，大约增长了29倍！

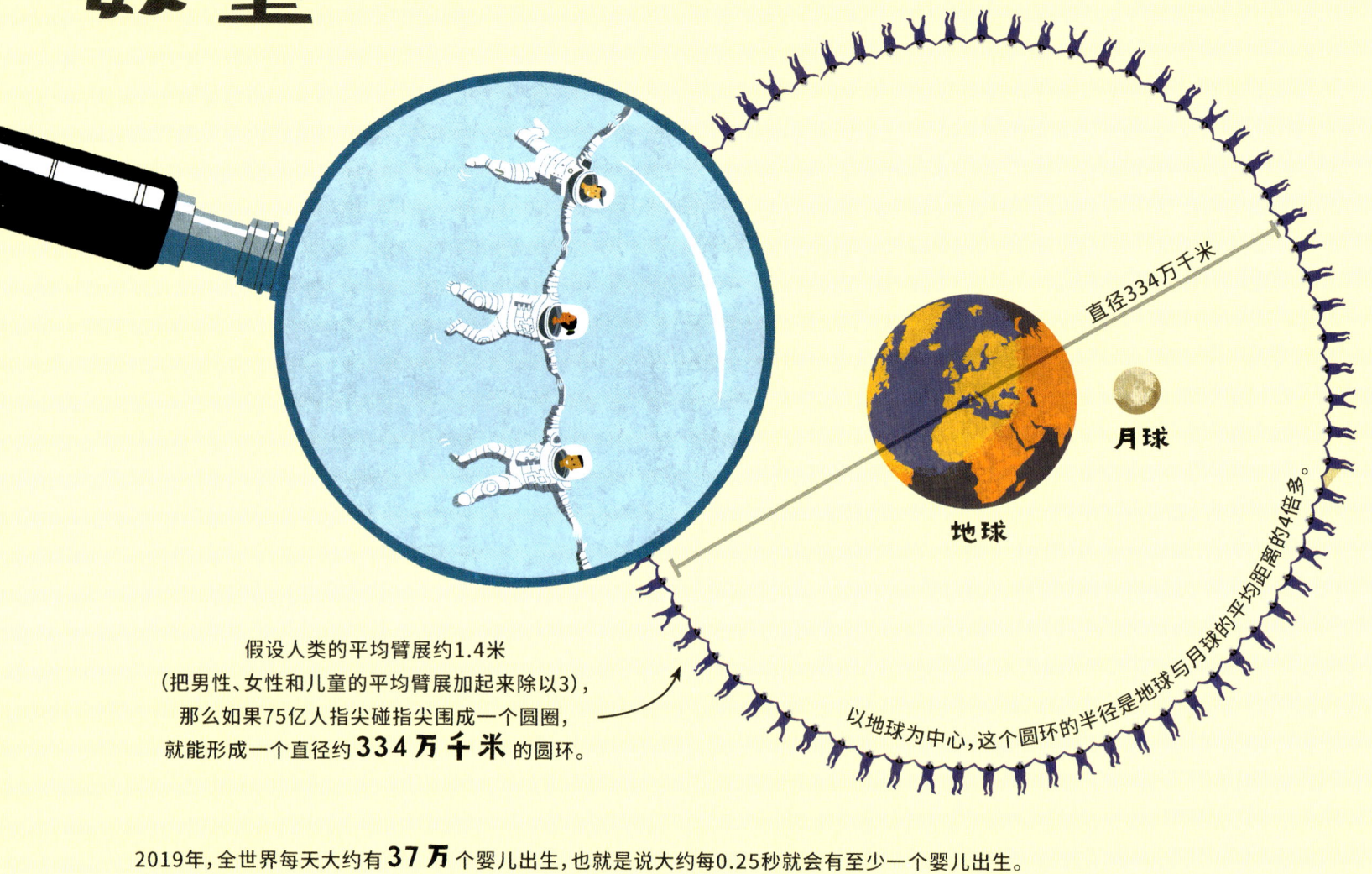

假设人类的平均臂展约1.4米（把男性、女性和儿童的平均臂展加起来除以3），那么如果75亿人指尖碰指尖围成一个圆圈，就能形成一个直径约**334万千米**的圆环。

直径334万千米

月球

地球

以地球为中心，这个圆环的半径是地球与月球的平均距离的4倍多。

2019年，全世界每天大约有**37万**个婴儿出生，也就是说大约每0.25秒就会有至少一个婴儿出生。这意味着：

每**3秒**新出生的人口就可以组成一支足球队，还可以加上一名裁判。

每**6小时7分钟**新出生的人口就可以坐满一个能容纳88080位观众的大型体育场。

每**41小时48分钟20秒**新出生的人口，就几乎和卢森堡的全国人口（截至2018年1月约60.2万人）一样多了！

人口统计

人类金字塔
人类的总重量约为3.31亿吨，是埃及规模最大的胡夫金字塔重量的48倍。

×48

最小的国家
位于意大利罗马的梵蒂冈是全世界最小的国家，常住人口约800人。一架空中客车A380客机就能装下这个国家的所有人。

拥挤的地方
上海是世界上人口最多的城市之一，截至2019年，常住人口约2428.14万人，几乎和整个澳大利亚的人口一样多。

10

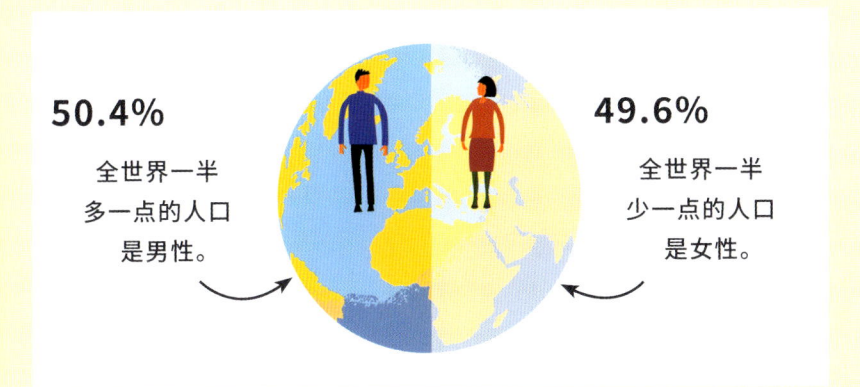

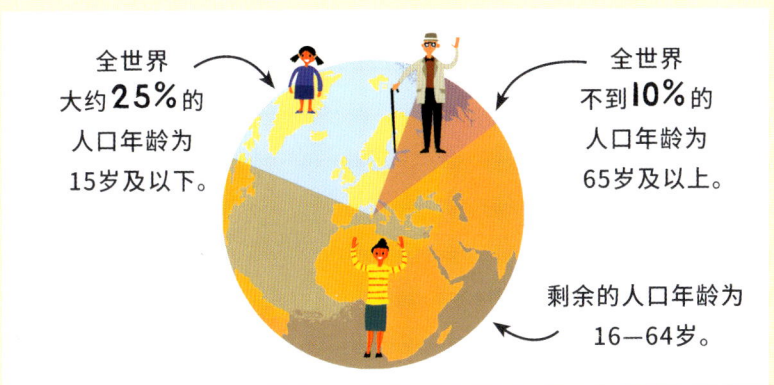

50.4%
全世界一半多一点的人口是男性。

49.6%
全世界一半少一点的人口是女性。

全世界大约**25%**的人口年龄为15岁及以下。

全世界不到**10%**的人口年龄为65岁及以上。

剩余的人口年龄为16—64岁。

如果全世界的人口平均分布，大约每2.5平方千米的土地上会有**129个**人。

2.5平方千米

=

484个橄榄球场

这意味着世界上平均每人拥有

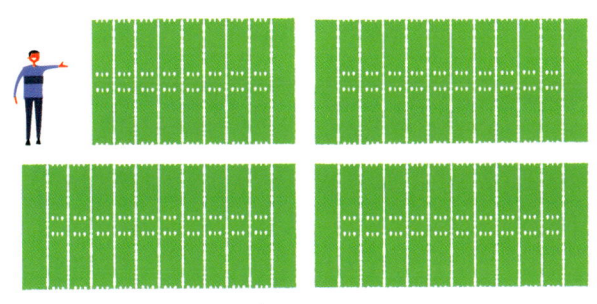

约**3.7个**橄榄球场的面积。

蒙古国土地面积辽阔，但是人口并不多，平均每平方千米的土地上大约只有**2个**人。

中国澳门是世界上人口密度最大的城市之一，平均每2.5平方千米的土地上大约有52000人。

也就是在一个橄榄球场大小的地方就有**107个**人！

持续增长
预计到2050年，全世界人口将达到97亿。

75亿人	2020年
预计85亿人	2030年
预计97亿人	2050年

大量食物
全世界人口每10秒就会消耗大约856吨的食物。

叠罗汉
如果全中国所有人叠罗汉，就能组成一座大约22.9亿米高的"人塔"，这几乎是地月平均距离的6倍。

人体尺寸

从一个小小的受精卵开始发育，到一个蹦蹦跳跳的男孩或女孩，你大概在十八九岁或者二十岁出头的时候，才会基本完成发育。让我们看看成长过程中，人体都有哪些奇妙的数据吧。

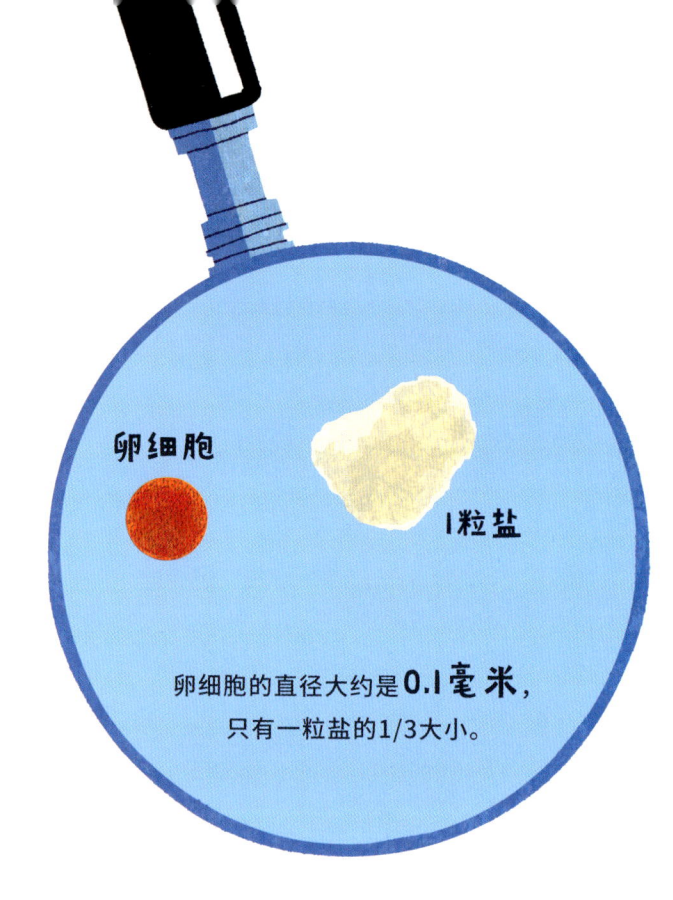

卵细胞

1粒盐

卵细胞的直径大约是 **0.1毫米**，只有一粒盐的1/3大小。

你身体的某些部分会一直生长，例如手指甲大约每个月会长 **3.4毫米**。

手指甲的生长速度大约是脚趾甲的 **2倍**。
你的身体里共有206块骨头，
其中最小的一块骨头是耳朵里的镫骨，
巧合的是它的长度和手指甲的每月增长长度差不多。

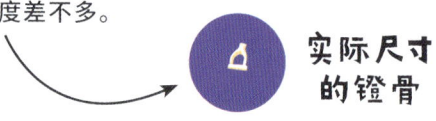

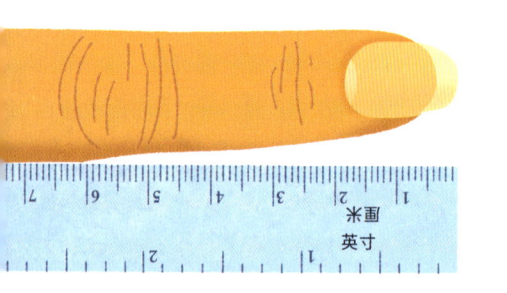

实际尺寸的镫骨

股骨，也就是大腿骨，是人体最大的骨头。

股骨的长度大约占一个成年人身高的1/4。

股骨的长度大约是镫骨的 **135倍**，这个长度很接近新生儿的平均身高。

虽然人们的高矮胖瘦各不相同，但身体某些部分有着相似的比例。

前臂的长度
＝
大约等于脚的长度

手的长度
＝
大约等于脸的长度

指尖到指尖的臂展
＝
大约等于身高

从婴儿成长到成年人，大脑的重量在不断增加。

你出生的时候，大脑的重量是 **350—400克**。

差不多和一个柚子一样重。

成年人的大脑重量是 **1300—1400克**。

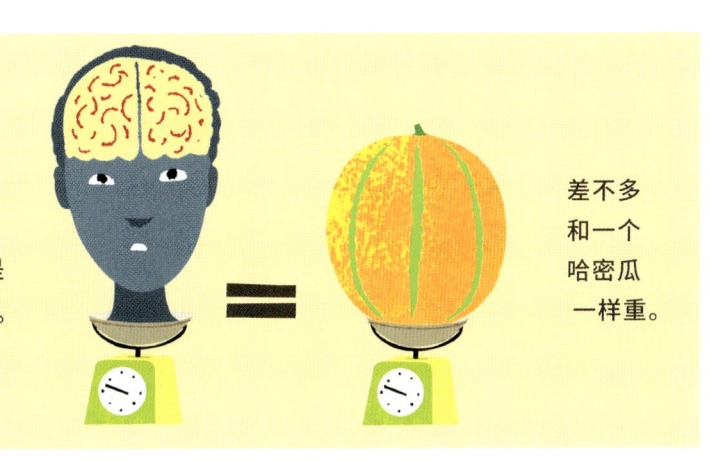

差不多和一个哈密瓜一样重。

你的身体里大约有 **650** 块肌肉。

最小 的一块肌肉在你的耳朵里，它负责控制镫骨。

最大 的一块肌肉是臀大肌。

小肠是消化与吸收食物的主要场所，这个"长管子"盘绕在你的身体里，如果把它拉直的话，长度可以达到 **7米** 左右。

这和一个标准足球门的长度差不多。

一个成年人口腔中的唾液腺每天会分泌多达 **1.5升** 的唾液。

一个成年人一年分泌的唾液可以装满大约 **3.4个** 浴缸。

小型浴缸的容量约为160升。

一个成年人的皮肤重量为 **3000—4000克**。

如果展开的话，成年人的皮肤面积可以达到 **2平方米** 左右。

差不多和一张单人床被子一样大。

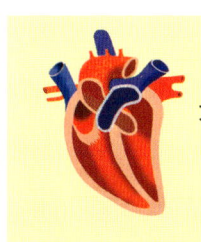

一个成年人的血液每天会流动大约 **19000千米**。

这大致等于从英国到新西兰的距离。

心脏每次跳动会输送大约 **70毫升** 的血液。

所以，按照每分钟72次心跳的速率来计算，心脏大约在6天内输送的血液就足够装满一架波音757客机的燃料箱。

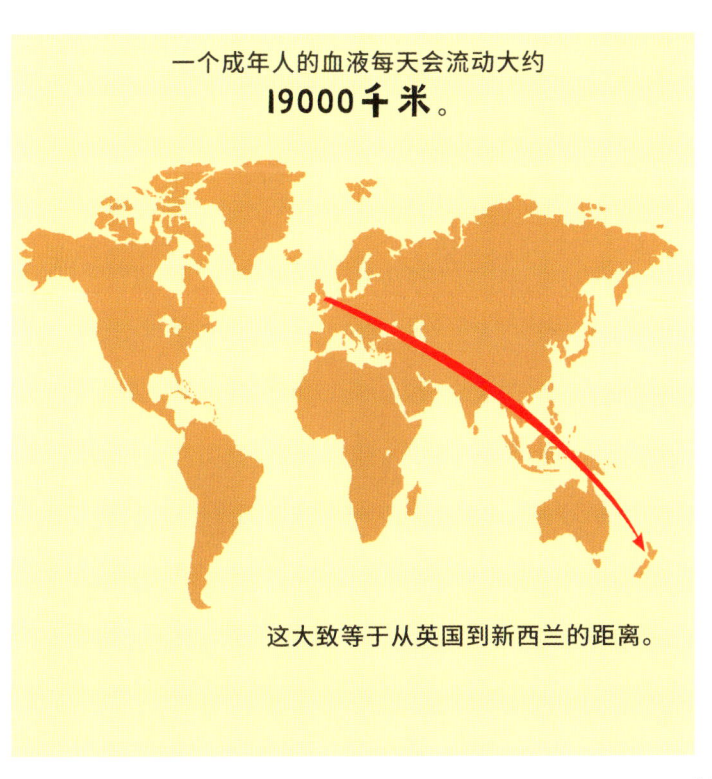

13

地球的能量

地壳运动的能量可以引发大规模事件，比如雪崩、海啸和地震，这些自然现象都会释放惊人的能量。

威力强大的雪崩

雪崩可以在短短5秒的时间里从静止状态加速到时速 **100千米** 以上，这和很多跑车的加速度一样快。

海啸的力量

海啸通常是由火山或大地震造成的水下湍流引起的。海啸引起的波浪很少超过 **2米** 高，但是移动的速度很快，威力强大。当海啸进入较为狭窄的海岸水域时，海浪前进的速度会减慢，但是规模会变得更大。

1958年发生在美国阿拉斯加州的一次海啸高达 **524米**，这比胡夫金字塔和帝国大厦（不包括天线）加起来还要高！

严重的雪崩

1970年在秘鲁瓦斯卡兰山发生过一次严重的雪崩，崩塌的冰雪和岩石体积大约有 **0.5亿—1亿立方米**，× 40

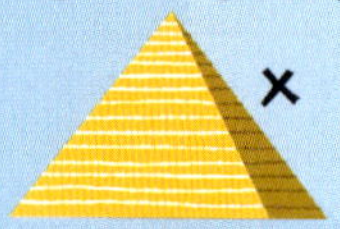

能堆起40个胡夫金字塔。

2004年的印度洋海啸是由海底 **里氏9.2级** 地震引起的。据估计，这次海啸的能量大约等于 **450万吨** TNT炸药爆炸的能量，约等于第二次世界大战中使用过的所有炸药和武器能量的 **1.5倍**。

湿雪崩的速度可以达到 **30千米/小时**，和北极熊的奔跑速度差不多。

干雪崩的速度可以达到 **130千米/小时**，已经超过了大多数高速公路的最高限速。

海啸波浪的最快前进速度可以达到 **800千米/小时**，差不多和一些喷气式飞机一样快。

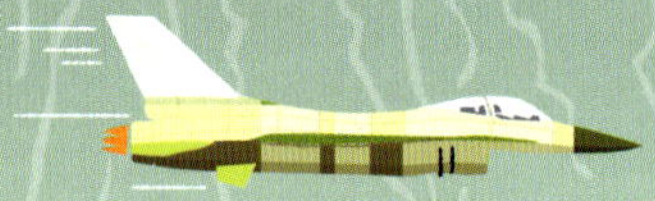

当海啸进入浅水区时，速度会降低到 **32—48千米/小时**，和一名自行车运动员的骑行速度差不多。

地震震级

地震释放出来的能量，可以通过里氏震级或更直观的矩震级来表示。里氏震级每增加一级，地震释放的能量大约会增加31.7倍。

里氏1.5级
大约等于 **5个**雷管爆炸的能量，称得上是一次小爆炸了。

里氏3.0级
大约等于480千克TNT炸药或者**950个**雷管爆炸的能量。

里氏1.0级
大约等于两个大号香草纸杯蛋糕里蕴藏的能量。

里氏2.0级
在这个量级以下的地震一般被称作微地震，站在地面的人通常感受不到。

里氏4.5级
大约有6亿千焦的能量，和**300次**闪电释放的能量差不多。

里氏7.0级
大约等于5716万升航空燃油的能量——足够填满**178.5架**空中客车A380客机的燃油箱。

里氏9.0级
这个震级的地震只发生过几次，9级地震释放的能量大约是6级地震的**32000倍**——这差不多是世界上所有风力发电机在超过6周时间里产生的能量。

震荡和移动
有记录以来最大的地震发生在1960年的智利，这次**9.5级**地震发出的震波传遍了地球，使地球震动了好几天。

地震产生的大部分能量并没有传递到地球表面，而是在地壳中传播。

如果一场9级地震的所有能量都能被利用起来，那么这些能量足够为整个美国的所有照明设备提供**4个月**的电力。

2010年，一次发生在智利的大地震在几秒钟之内把城市康塞普西翁整体向西移动了**3.04米**。

能量的消耗

能量用来表示物理系统做功的本领，它的单位是焦耳(J)，1000焦耳等于1千焦(kJ)。功率是描述做功快慢的物理量，它的常用单位是瓦特，1瓦特表示物体在1秒钟时间里做功为1焦耳。

千瓦是什么？

千瓦通常表示电力设备的功率。1千瓦时(kW·h)表示一件功率为1千瓦的电器在使用1小时之后所消耗的能量，1千瓦时等于3600千焦。

1千瓦时的电能可以做什么？

- 观看一台42英寸电视 **3—6个**小时。
- 用一台功率为750瓦特的两片式面包机，大约能烤**80片**面包。 
- 给200—400部手机充电**1小时**。
- 烤蛋糕 **25—30分钟**。
- 淋浴 **8分钟**。

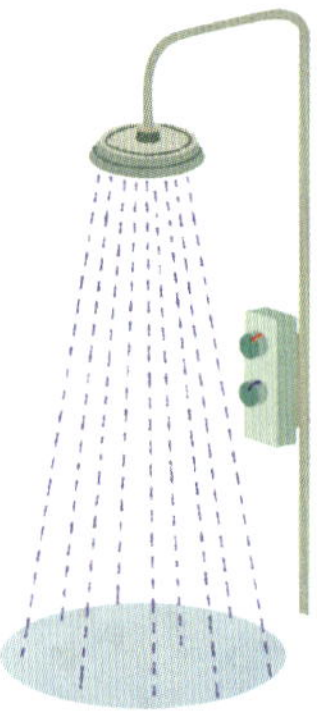

踏板能量

假设把自行车的踏板连接到一台小型发电机上，蹬1个小时车可以产生大约**0.1千瓦时**的能量。

要想产生一个三口之家一年的用电量（根据2019年中国城乡居民生活用电量统计，约**2200千瓦时**)，你需要连续蹬自行车**917天**，也就是大约两年半的时间。

闪电

一次闪电可以产生大约**556千瓦时**的能量，如果这些能量被全部利用起来，那么**4次**闪电产生的能量就足够一个三口之家用一年。

大约**135320次**闪电的能量才能让整个德国用1小时。

电鳗的能量

电鳗体内有一种可以放电的特殊细胞，每次放电的最大功率可达**600瓦特**，但持续时间非常短，有时候仅有0.002秒。

如果电鳗产生的电可以被储存和使用，那么：

- 电鳗放电**84次**能够给一只功率为100瓦特的灯泡供电1秒钟。
- 电鳗放电**60000次**能够给一个功率为1200瓦特的吹风机供电1分钟。 
- 电鳗放电**270万次**能够给一台功率为900瓦特的加热器供电1小时。

能量消耗

包括你在内的所有生物每天都会消耗能量，因此需要进食来不断补充能量。

对于一个体重80千克的男性来说，一根香蕉（假设重118克，能量约440千焦）提供的能量可以做什么呢？

以4千米/时的速度行走约26分钟。

打乒乓球约19分钟。

潜水约15分钟。

跳舞约10分钟。

以12千米/时的速度跑步约7分钟。

动物消耗的能量

大部分动物在捕食的过程中都要消耗能量。

蜂鸟如果一直保持休息状态，每天只需要消耗 **30千焦**（每小时1.25千焦）的能量。

一根香蕉能为一只静止的蜂鸟提供大约14天的能量！但是，蜂鸟大部分的时间都在飞行，当它在空中盘旋的时候，消耗的能量是静止时的7倍。

三趾树懒是消耗能量最少的哺乳动物之一，它每天可以只消耗 **648千焦** 的能量。一大片意大利香肠比萨所含的能量（约1380千焦）就足够一只三趾树懒生活两天！不过它真正的食物是植物的嫩芽和叶子。

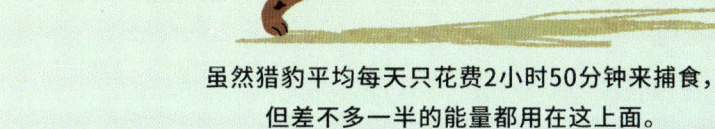

猎豹每天大约消耗 **9000千焦** 的能量。

虽然猎豹平均每天只花费2小时50分钟来捕食，但差不多一半的能量都用在这上面。

蓝鲸的捕食方式是在海里向前猛冲，把海水和磷虾一起吞下。

蓝鲸捕食时每次猛冲会消耗最高达 **8071千焦** 的能量，和6大片意大利香肠比萨提供的能量差不多。

但是蓝鲸一次吞下的磷虾数量庞大，最高大约能获得 **191.2万千焦** 的能量，多么丰盛的一餐啊！

17

气象奇观

晴天和雨天、温暖和严酷，不断变化的天气影响着我们所有人，一起来看看那些极端的天气状况吧！

冰雹

冰雹是在非常寒冷的云层顶部形成的，然后落到地面。大部分冰雹大小和豌豆差不多，也有些冰雹和乒乓球差不多大，极少数甚至比柚子还大。

这个冰雹的直径约 **20厘米**。

2010年在美国南达科他州曾发现一个巨大的冰雹。

差不多和一个排球一样大。

它的重量约为 **0.88千克**。

大约和2个足球一样重。

冷和热

14.76℃
根据《中国气候变化蓝皮书》，2017年全球表面平均温度为14.76℃。

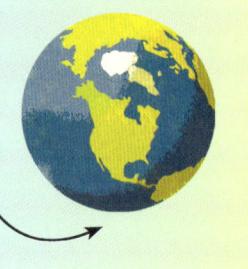

-89.2℃
1983年，人们在南极沃斯托克科学考察站曾测到温度-89.2℃，这差不多要比2017年全球平均气温冷6倍。

56.7℃
1913年，位于美国死亡谷的格陵兰牧场气温曾达到56.7℃，几乎比2017年全球平均气温热3倍。

风有多大？

气象学家一般会根据风速来划分风力等级，通用的风力等级是蒲福风级。一起来看看，与各种动物比较起来，不同等级风力的速度到底有多快？

强风
风速为39—49千米/时

大风
风速为62—74千米/时

无风
风速小于1千米/时

微风
风速为12—19千米/时

加拉帕戈斯象龟
0千米/时

家鼠约13千米/时

非洲象约40千米/时

鸵鸟约69.9千米/时

0千米/时 — 13千米/时 — 40千米/时 — 69.9千米/时

一朵普通的积雨云长度为 **1千米**，大约包含 **50万升** 的水。

这朵云的重量和 **83头** 大象差不多。

x 83

暴雨

1956年美国马里兰州曾下过一场雨，

1分钟降雨量达到31.2毫米，这意味着只要2分钟雨水就能淹没双脚。

1小时最大降雨量的纪录是305毫米，发生在1947年的美国密苏里州，雨水足够淹没雨靴。

24小时最大降雨量的纪录是1870毫米，发生在1966年的印度洋留尼汪岛，这很可能比你的身高还高！

闪电可以把周围的空气加热到大约 **28000℃**。

这大约是太阳表面温度的 **5倍**。

x5

下雪啦！

雪花是由小冰晶增大形成的，最大的冰晶大约有 **10.1毫米** 宽。

已经超过了家蝇的平均体长。

冰晶聚集在一起就会形成雪花。

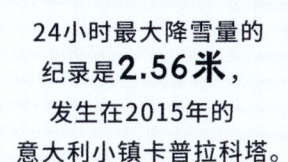

最大的雪花和一个餐盘的大小差不多。

24小时最大降雪量的纪录是2.56米，发生在2015年的意大利小镇卡普拉科塔。

这个高度超过了陆地上大多数生物。

美国雷尼尔山一年内的降雪量曾达到惊人的 **28.5米**。

这大约是自由女神像（不包括基座）高度的2/3。

暴风 风速为103—117千米/时

飓风（经常同时产生龙卷风） 风速超过117千米/时

猎豹约100千米/时　　约120千米/时　　赛鸽约140千米/时

100千米/时　　120千米/时　　140千米/时

19

水的世界

地球表面的陆地面积占比不到1/3，其余部分都是水，而且大部分都是海洋。

地球也被称作"蓝色星球"，因为从太空中看，大部分被水覆盖的表面都是蓝色的。

地球上水资源的总量约为 **13.86亿立方千米**，和616万亿个奥运会标准游泳池（体积约为2250立方米）的水量差不多。地球上的水资源还可以具体划分为以下几类。

97%
大约97%的水资源是海水。我们可以在海洋里游泳和玩耍，但是不能直接饮用海水，因为里面含有很多盐分。

2%
这部分是以极地冰川形式存在的淡水资源，理论上这些淡水可以饮用，但是我们很难获取。

1%
大约1%的水资源是河流、湖泊、地下水等淡水资源，还有一些存在于空气中和生物体内，人们主要依靠这些液态水来维持生存。

独特的水
水是地球上唯一以液态、固态和气态三种不同状态大量存在的东西。

液态：水
固态：雪
气态：水蒸气

你渴吗？
人在没有食物的情况下可以生存一个月，但在没有水的情况下只能生存3—5天。

您先请
地球上的水是不断循环的，这意味着恐龙曾经喝过的水可能仍然存在。

和所有生物一样，人体的主要成分是水。大部分水储存在构成身体各个部位的微小细胞里，这些细胞分布在血液、骨骼、皮肤和其他各个器官。一般来说，年龄越小，身体里的含水量就越多。

难以置信的是，大脑里**80%**的成分都是水。细胞会不断流失水分，如果不能及时得到补充，它们就无法正常工作。这就是我们在锻炼身体时或考试前需要喝水的原因，只有及时补充水分，才能保持大脑的活力。

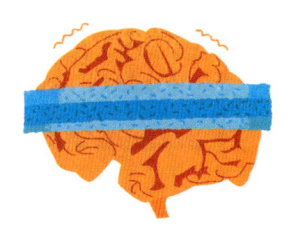

50%   50%   65%   60%   80%

一个刚出生的婴儿体内水分大约占体重的**75%**。

一个成年男性身体里的水大约能装满**47.5个1升**容量的矿泉水瓶。

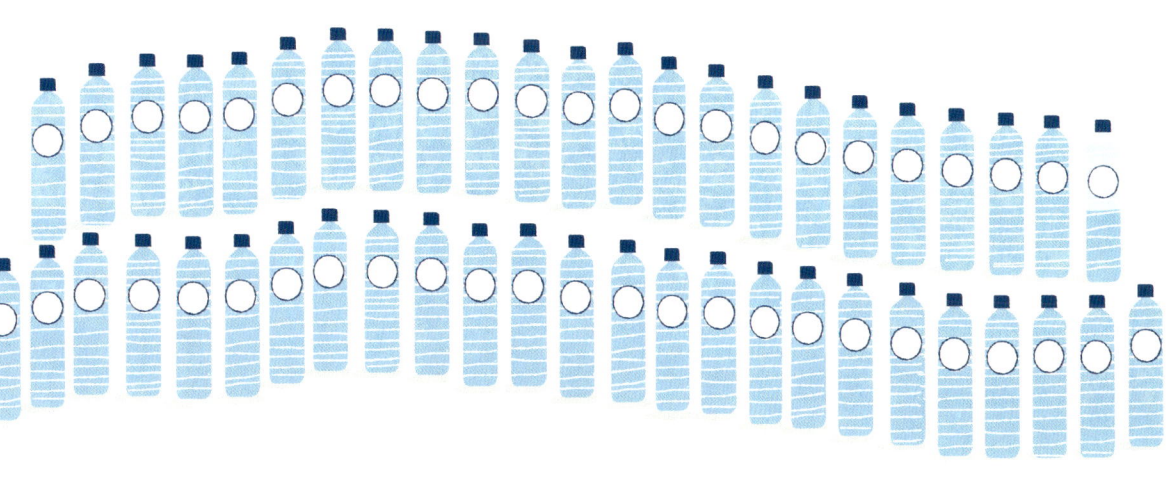

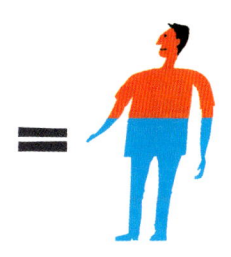

=

容量相同的情况下，咸水比淡水重。一个巨浪的重量可能会超过**300吨**。

如果一个300吨重的巨浪打到你的身上，大约等于**110辆**SUV（运动型多功能汽车）同时落在你的头上。

小行星撞击
一些科学家认为，地球上的大部分水来源于地球本身。但也有一些科学家认为，水是大约40亿年前由携带冰块的小行星撞击地球后产生的，相关的事件被称为"后期重轰炸期"。

节水马桶
一个家庭使用冲水马桶的耗水量大约占每日用水量的1/4。如果把所有老式马桶（每次冲水量约12升）都更换成新式节水马桶（每次冲水量约6升），那么一个人每天可以节约42升水（平均每人每天约使用7次马桶）。

外星生命
一些科学家认为，生命可能诞生于海底喷出高温热泉的喷口处。那么，在土星的卫星恩克拉多斯的表面冰层下发现的高温海洋，会是存在外星生命的地方吗？

21

植物的生命

植物的范围很大，既有足够让几百人一起乘凉的高大树木，也有必须用显微镜才能看清特征的微小植物。

雪曼将军树

巨杉是世界上最大、最重的树木之一。其中一棵名为"雪曼将军树"的巨杉，位于美国加利福尼亚州北部，据说这棵树是在2700—2800年前开始萌芽并生长的。

雪曼将军树最粗的一根树枝直径约为 **2.1米**，和一个成年男性在头上顶一个沙滩球再加一个橘子的高度差不多。

树干部分大约重 **1256吨**，和9只蓝鲸（每只约重150吨）或3架载满乘客的大型喷气式客机的重量差不多。

树干的直径约 **11.1米**，如果把树干的横截面立起来，有可能比两只长颈鹿加起来还要高。

雪曼将军树的平均树冠阔度约为 **32.5米**，

这比 **2个** 标准篮球场的宽度加起来还要长。

雪曼将军树的高度约为 **83.8米**，大约是比萨斜塔高度的1.5倍。

长成这棵巨杉的种子大约只有 **4—5毫米**长，**1毫米**宽。

↙ **实际大小的种子**

树干的周长是 **31.1米**，大约需要 **21个** 11岁左右的孩子手拉手才能围起来。

22

最长的叶片

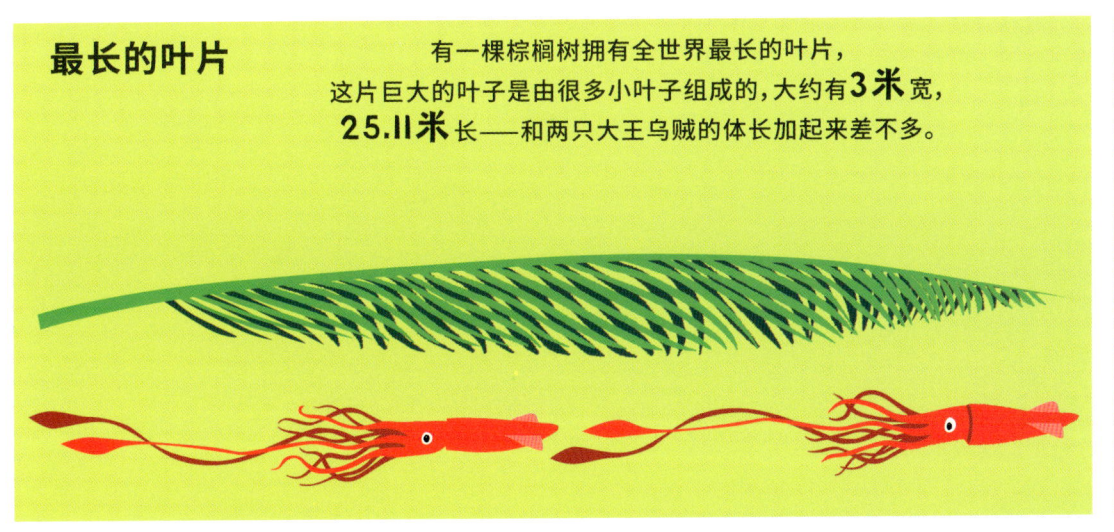

有一棵棕榈树拥有全世界最长的叶片，这片巨大的叶子是由很多小叶子组成的，大约有 **3米**宽，**25.11米**长——和两只大王乌贼的体长加起来差不多。

最大的叶片

亚马孙王莲有巨大的圆形叶片，直径可达**2.5米**。漂浮的叶片可以支撑大约45千克的重量，一个12岁的孩子可以轻松地躺在上面。

最快的种子

约6厘米

约4厘米

沙箱树的种子储存在果实里，果实成熟爆裂开后，会把种子传播到大约40米以外的地方。沙箱树的种子传播时速度可以达到**250千米/时**，这差不多是猎豹奔跑速度的2倍。

最大和最小的种子

海椰子是一种棕榈，它的种子在一个巨大的壳里，可以长到**45厘米**长，重达**25千克**——和2个2岁小孩的重量差不多。

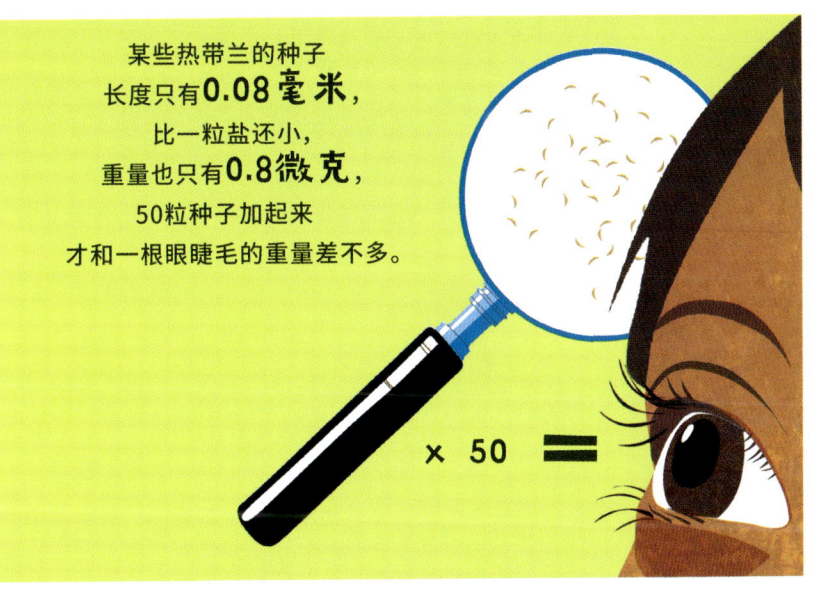

某些热带兰的种子长度只有**0.08毫米**，比一粒盐还小，重量也只有**0.8微克**，50粒种子加起来才和一根眼睫毛的重量差不多。

× 50 =

储水量最大

猴面包树巨大的树干直径可达**15.9米**，树干内部还可以储存大量的水——多达**12万升**，大约可以装满750个浴缸。

× 750

23

不要向下看

你有恐高症吗?
试试看,将人类的身高与地球上最高的动物进行比较,再看看地球上最高的树木、建筑和山峰到底有多高。

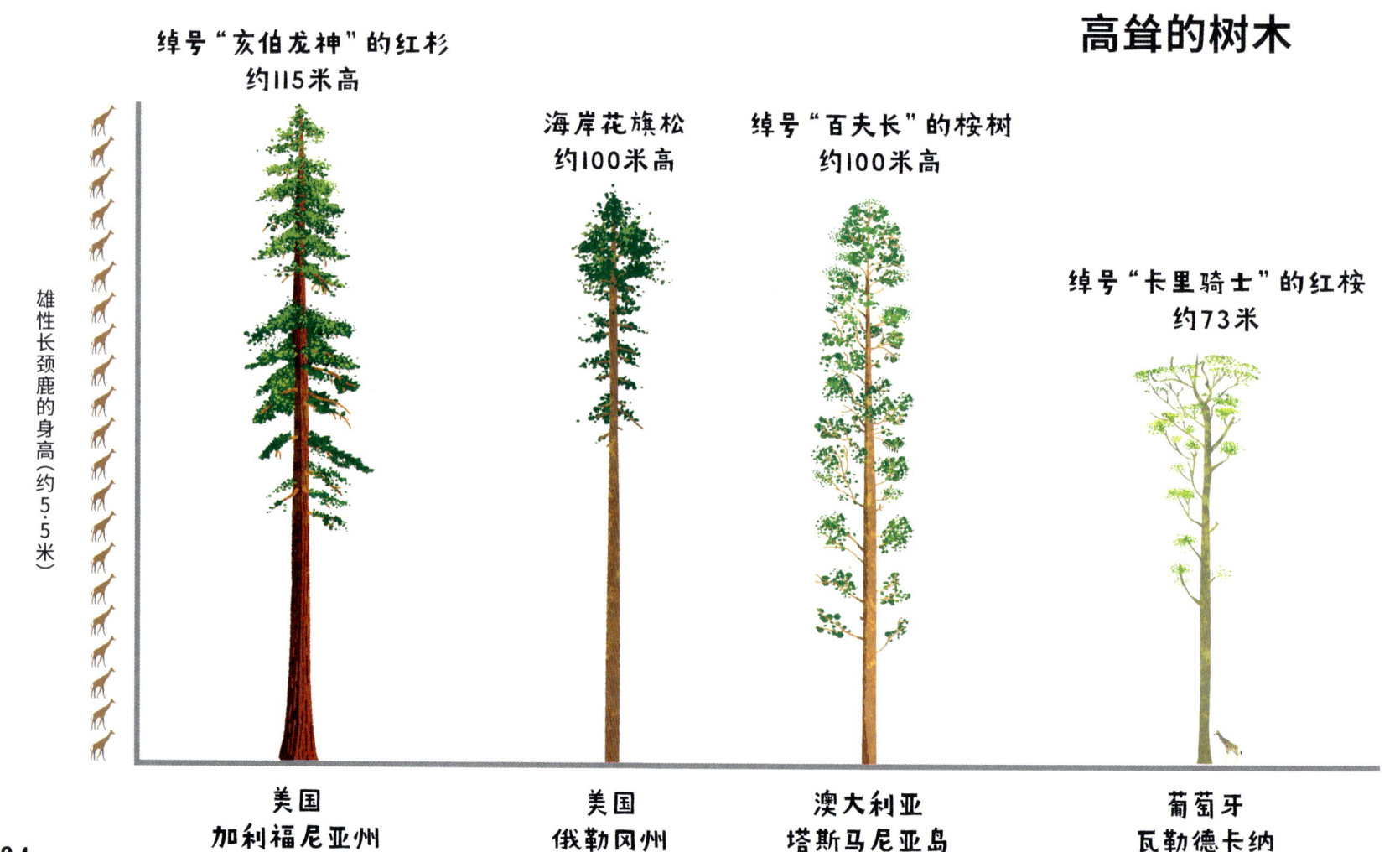

高大的动物

成年男性的平均身高(约1.77米)

- 雄性长颈鹿 约5.5米高
- 雄性非洲草原象 约3.2米高
- 鸵鸟 约2.7米高
- 驼鹿 约2.1米高
- 北极熊 约1.3米高

高耸的树木

雄性长颈鹿的身高(约5.5米)

- 绰号"亥伯龙神"的红杉 约115米高 —— 美国 加利福尼亚州
- 海岸花旗松 约100米高 —— 美国 俄勒冈州
- 绰号"百夫长"的桉树 约100米高 —— 澳大利亚 塔斯马尼亚岛
- 绰号"卡里骑士"的红桉 约73米 —— 葡萄牙 瓦勒德卡纳

24

叹为观止的建筑

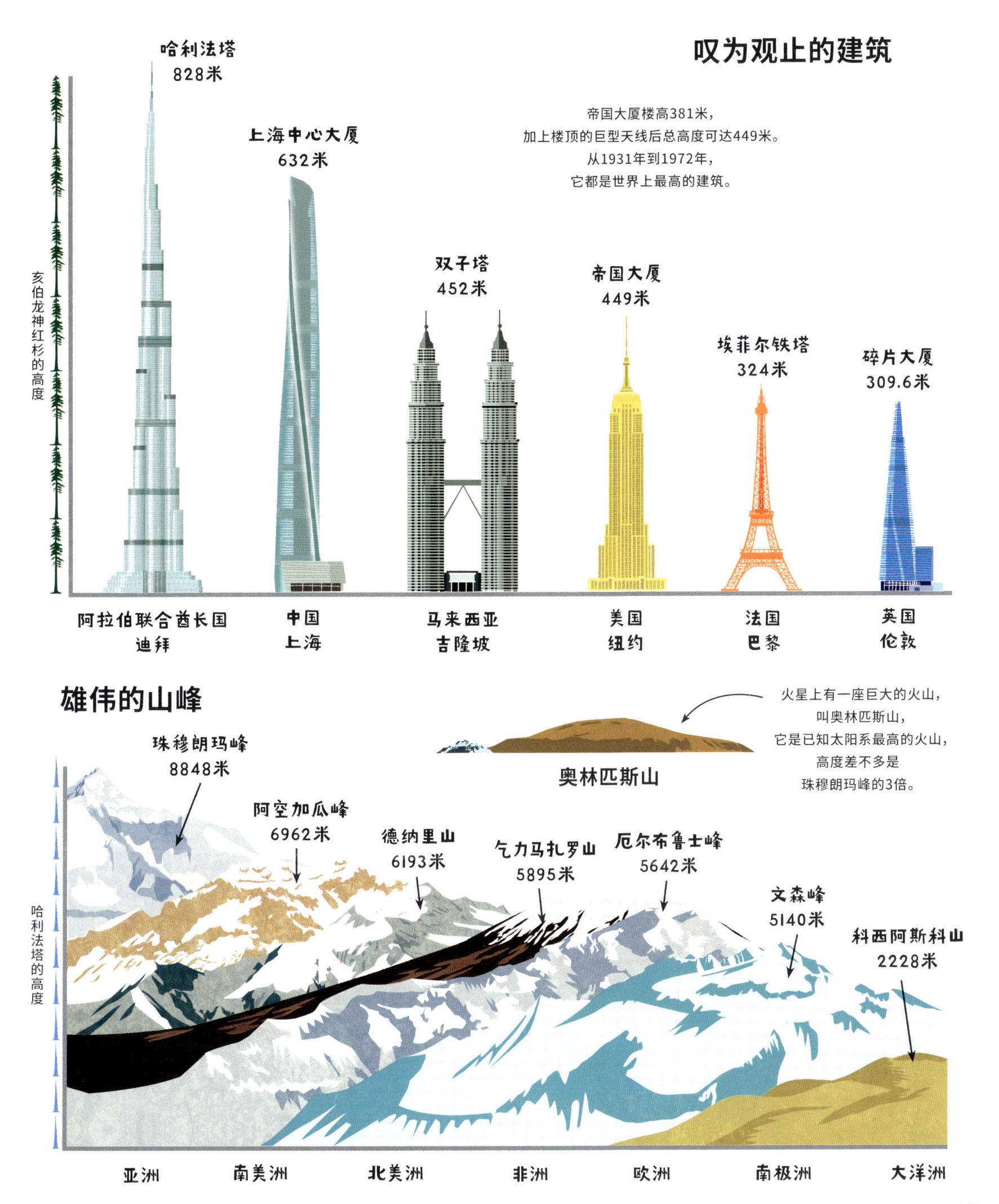

帝国大厦楼高381米，加上楼顶的巨型天线后总高度可达449米。从1931年到1972年，它都是世界上最高的建筑。

哈利法塔 828米
阿拉伯联合酋长国 迪拜

上海中心大厦 632米
中国 上海

双子塔 452米
马来西亚 吉隆坡

帝国大厦 449米
美国 纽约

埃菲尔铁塔 324米
法国 巴黎

碎片大厦 309.6米
英国 伦敦

亥伯龙神红杉的高度

雄伟的山峰

火星上有一座巨大的火山，叫奥林匹斯山，它是已知太阳系最高的火山，高度差不多是珠穆朗玛峰的3倍。

奥林匹斯山

珠穆朗玛峰 8848米 — 亚洲

阿空加瓜峰 6962米 — 南美洲

德纳里山 6193米 — 北美洲

乞力马扎罗山 5895米 — 非洲

厄尔布鲁士峰 5642米 — 欧洲

文森峰 5140米 — 南极洲

科西阿斯科山 2228米 — 大洋洲

哈利法塔的高度

令人惊叹的高度

来见识一下这些令人惊叹的高度吧！你可以选择一个标准作为参照来理解不同高度，比如千米或者一支铅笔！

一支普通铅笔所含的石墨足够画出一条长达56千米的线——这是珠穆朗玛峰高度的6倍多。

乘坐阿波罗13号的宇航员
人类到达的最高处
约400171千米
2106163157 支铅笔

月球
约384400千米
2023157895 支铅笔

维拉2号卫星
约116582千米
613589473 支铅笔

国际空间站（ISS）
国际空间站一般在距地面330—435千米的高度围绕地球运行。
2289473 支铅笔

飞得最高的喷气式战斗机
米格-25无负载飞行高度可达约37.6千米
198158 支铅笔

飞得最高的纸飞机
Stratos III
约35千米
这架纸飞机由一个氦气球带着升空，然后从高空滑翔返回地面。
184437 支铅笔

飞得最高的热气球
约21千米
2005年，有人在印度乘坐热气球到达过这个高度。热气球高达48米，比自由女神像（不计底座）还高2米。
110668 支铅笔

400000千米
300000千米
200000千米
100000千米

600千米
400千米
200米

50千米
40千米
30千米
20千米

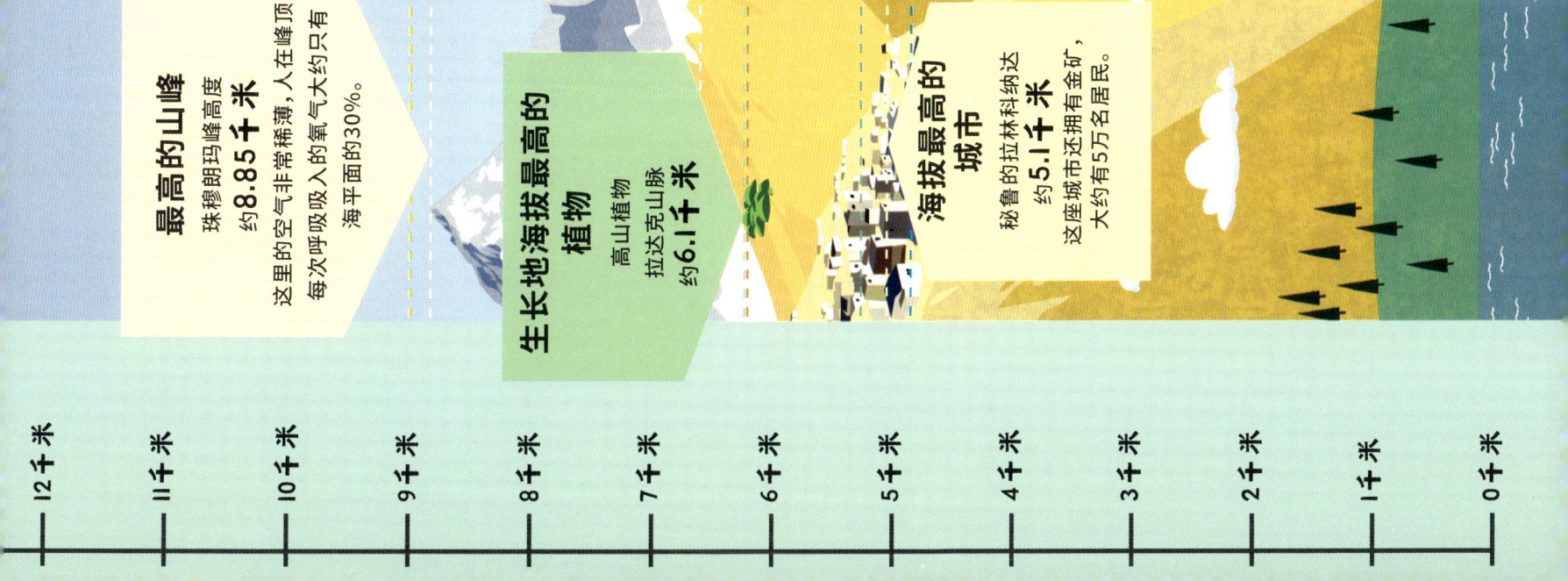

铅笔数	项目	高度
57910.5 支铅笔	最高的山峰 珠穆朗玛峰高度	约8.85千米
	这里的空气非常稀薄，人在峰顶每次呼吸吸入的氧气大约只有海平面的30%。	
47368 支铅笔	飞得最高的鸟 黑白兀鹫	约11千米
46568 支铅笔	飞得最高的昆虫之一 大黄蜂 理论上飞行高度可达9千米	
35263 支铅笔	生长地海拔最高的植物 高山植物拉达克山脉	约6.1千米
32105 支铅笔	栖息地海拔最高的蜘蛛 喜马拉雅跳蛛 约6.7千米 它以被强风吹到山上的昆虫为食。	
	栖息地海拔最高的哺乳动物 青藏高原上的牦牛最高约6.1千米 牦牛的皮毛十分厚实，能够帮助它们抵御比冰箱更低的温度。	
27368 支铅笔	生长地海拔最高的树 安第斯山脉的龙鳞木 约5.2千米 这种树木属于蔷薇科。	
26842 支铅笔	海拔最高的城市 秘鲁的拉林科纳达 约5.1千米 这座城市还拥有金矿，大约有5万名居民。	
25682 支铅笔	放得最高的风筝之一 约4.88千米	

这条虚线代表一座高度惊人的"塔"，它由数十亿支铅笔组成，从地球的海平面一直延伸到比月球还远的地方。

实际大小
铅笔，约19厘米长

12千米 · 11千米 · 10千米 · 9千米 · 8千米 · 7千米 · 6千米 · 5千米 · 4千米 · 3千米 · 2千米 · 1千米 · 0千米

隐藏的深度

地球的表面是一个繁忙又有趣的地方，但是在地下深处，我们也会有一些出人意料的发现。

深度（单位：米）

深度刻度
0, 100, 200, 300, 400, 500, 600, 700, 800, 900, 1000, 1100, 1200, 1300, 1400, 1500, 1600

约155米 最深的酒店房间
要想在瑞典的萨拉银矿酒店住一晚，你得降到地下深度超过埃及胡夫金字塔高度的地下才行。

约1410米 最深的音乐会
2007年，金属乐队Agonizer在芬兰的皮哈萨拉米矿区举行演出，这里摆起来的高度大约等于2272个鼓子架叠起来的高度。

约122米 最深的根
在南非的城市奥里赫斯塔德附近的回声洞，有一棵野生无花果树，据报道它的根深达地下122米，这和一栋39层的建筑高度差不多。

约1160米 最深的哺乳动物的家
每年冬天，都会有大约1000只小棕蝠来到美国纽约的一个古老锌矿生活，这里的深度大约是世界上最高的建筑——哈利法塔高度的1.4倍。

约105.5米 最深的地铁站
世界上最深的地铁站位于乌克兰首都基辅，这里曾经是一座兵兵工厂。

约12262米 最深的人工钻孔
地球上最深的人工钻孔是苏联科学家挖掘的科拉超深钻孔，它的深度约等于1.4个珠穆朗玛峰的高度。

（往前翻一页，看看1.4个珠穆朗玛峰有多高。）

约2283米
最长的电梯之旅
南非的姆波尼格金矿拥有世界上最深的电梯，这部电梯可以搭载120个人，运行速度可达48千米/时。

约2800米
最深的活细菌
在姆波尼格金矿的深处，有一种叫作金矿菌的细菌，大约25个金矿菌加在一起的长度才等于这页纸的厚度。

约4000米
最深的矿井
世界上最深的10个矿井中，有8个是位于南非的金矿，其中陶托那金矿向地下延伸的深度约等于10.5个帝国大厦的高度（不包括天线）。

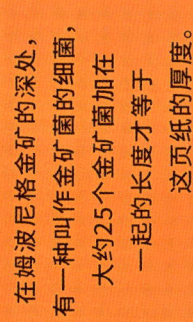

约2197米
最深的洞穴
位于格鲁吉亚的库鲁伯亚拉洞穴是世界上已知最深的洞穴，人们曾在深约1980米的地方发现了弹尾目昆虫的踪迹。如果乘坐自动扶梯，大约需要66分钟才能到达那里。

约3600米
深处的生物
有史以来，人们发现生活在南非金矿中的最深的生物之一是一种线虫，这种线虫的长度大约只有0.5～0.56毫米，仅有两粒食盐大小。

约2256米
最深的恐龙化石
人们曾在靠近挪威的北海深处发现了一块板龙的骨骼化石，这是世界上埋藏最深的恐龙化石，深度约等于7个埃菲尔塔加起来的高度。

炎热的岩石
由于越加接近地核，矿井深处的温度要比地面上高很多，有些岩石的温度会超过60℃，差不多是地表温度的2倍，你甚至可以在这些岩石上煎鸡蛋！为此，人们每天需要用超过5400吨冰块来给矿井最深处降温，这和36只蓝鲸的重量差不多。

海底的生命

海洋里生活着成千上万种植物和动物，它们分布在不同的深度——不过我们对这个世界的了解还不足三分之一。

0米（海平面）

2—50米
密斑刺鲀是有毒的，身上还覆盖着危险的刺，当它们吸入海水时，体形大约会增大3倍。

300—600米
大王乌贼每只眼睛有一个足球那么大，这能帮助它在昏暗的海洋里看清东西。

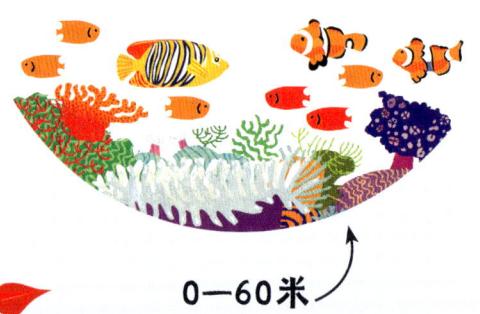

0—60米
热带地区的珊瑚礁主要生长在浅水里，这里是大约25%已知鱼类的栖息地。

1500—5800米
深海热泉的喷口其实是海洋地壳的缝隙，这里的海水会被加热到400℃。水中富含矿物质，有些矿物质会在热泉喷口附近形成"烟囱"，其中一个大约有15层楼那么高。

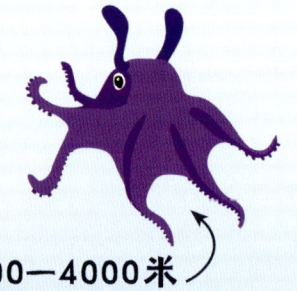

3000—4000米
小飞象章鱼的鳍长得就像大象的耳朵。它们在海底游弋，以蠕虫和其他小型动物为食。

3700米
大多数水母都是在靠近海面的地方被发现的，但在2016年，科学家发现了一种生活在深海的水母，它们看起来就像是长着触手的飞碟。

约6500米
有史以来发现的最深的沉船是约翰斯顿号，它在第二次世界大战期间沉入太平洋。

6000—9000米
片脚类动物的体形像虾，体长通常为1—2厘米，但生活在海洋深处的片脚类动物体形可能是正常大小的20倍。

8372米
人们发现的最深的鱼是一种叫作神女底鼬鳚的鼬鱼，不过它是被拖拽到这个深度的。

潜水能手

有些动物可以下潜到十分惊人的深度。

100米
蓑鲉（俗称狮子鱼）可以在30分钟内吃掉20条鱼，大量的食物会让它们的胃变大30倍！

300—1000米
灯笼鱼可以通过体内的化学反应创造光源。夜晚，它们会游到约100米深的地方捕食，用它们身上发出的光来吸引猎物。

332.35米
2014年，埃及潜水教练阿梅德·加布尔创造了水肺潜水世界纪录。

20米
虎鲸大部分时间都待在深度20米左右的海洋里，但是它们也能迅速下潜到100米深的地方。

400—2000米
抹香鲸是海洋中体形最大的食肉动物之一，它们主要吃鱼、海豹和鱿鱼，有时也会下潜到约2000米的深海追逐猎物。

2992米
柯氏喙鲸是潜水最深的哺乳动物。人们曾在太平洋海面下约2992米处发现过这种鲸鱼，它的憋气时间大约已有137.5分钟。

2338米
南象海豹下潜的深度大约是帝国大厦高度（包括顶部天线）的5倍。

如果把**珠穆朗玛峰**放在"挑战者深渊"的位置，那它的山顶距离海面大约仍有2.1千米。

事实上，即使你再把两个世界上最高的建筑（哈利法塔）放在珠穆朗玛峰的峰顶，再加上一个帝国大厦，也仍然还在海平面下！

只有极个别人曾经下潜到超过10000米的深度。2012年，詹姆斯·卡梅隆曾乘坐深海挑战者号到达了海平面以下约10908米的"挑战者深渊"。最近一次是2020年，中国的奋斗者号载人潜水器下潜突破10000米。

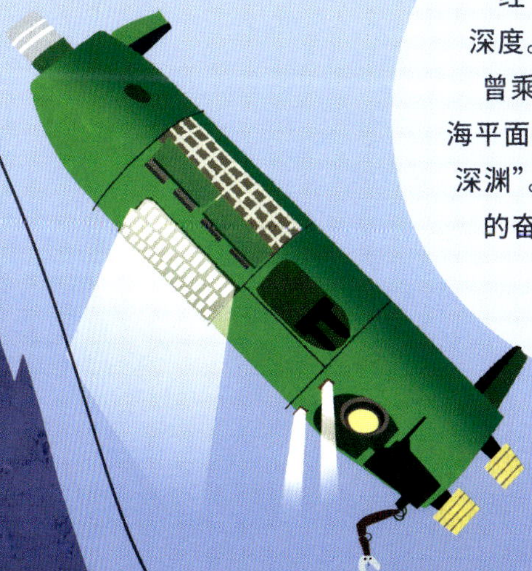

11000米
位于太平洋的马里亚纳海沟是人类已知的海洋最深处。

31

冷和热

从酷热到严寒，地球上的气温变化很大。让我们一起探索并比较各大洲最高和最低的气温，看看人类和其他生物为了在极端温度下生存付出了哪些努力。

大多数生物如果身体结冰就会死亡，但是木蛙不会。在冬季气温低于-10℃的时候，木蛙的血液会被冻住，心脏也会停止跳动长达数月，但它们会在春天到来后重新振作起来！

在夏威夷基拉韦厄火山的一次喷发中，岩浆的温度高达1170℃，这大约是死亡谷记录的世界最高气温的21倍。

北美洲

- 加拿大育空地区 斯纳格
- 北美洲最低气温 −63.0℃
- 北美洲最高气温 56.7℃
- 美国加利福尼亚州 死亡谷

大西洋

赤道

南美洲

- 南美洲最高气温 48.9℃
- 阿根廷 里瓦达维亚
- 南美洲最低气温 −32.8℃
- 阿根廷 萨缅托

太平洋

南极洲最高气温 18.3℃

埃斯佩兰萨研究站

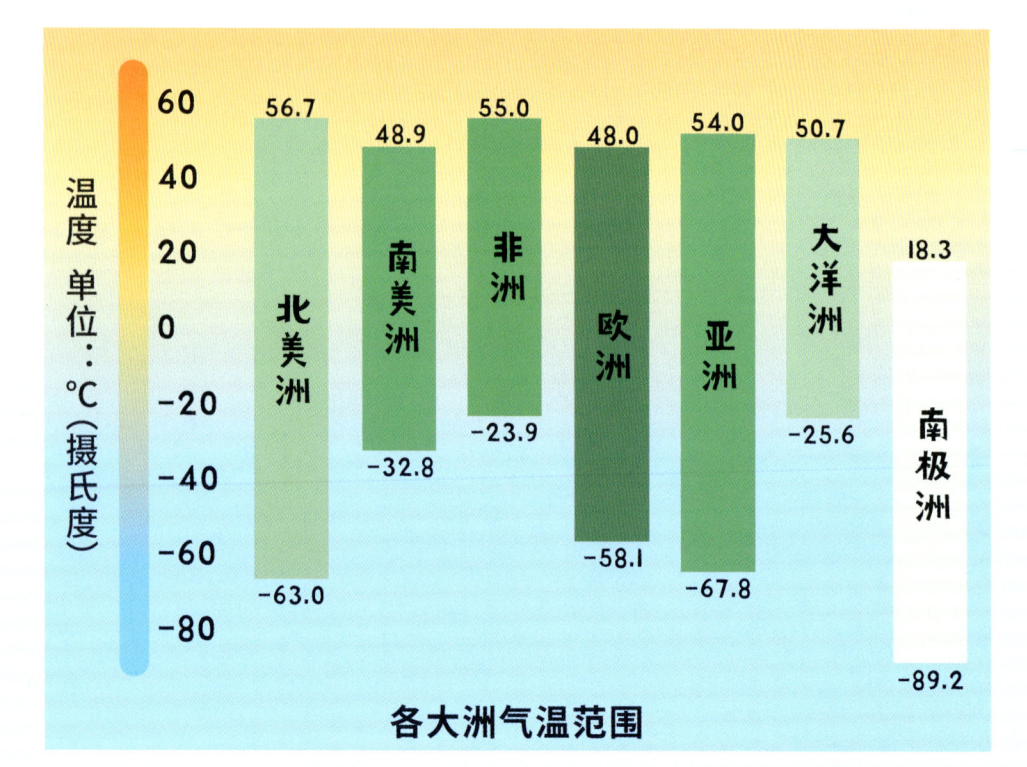

各大洲气温范围

温度 单位：℃（摄氏度）

大洲	最高	最低
北美洲	56.7	−63.0
南美洲	48.9	−32.8
非洲	55.0	−23.9
欧洲	48.0	−58.1
亚洲	54.0	−67.8
大洋洲	50.7	−25.6
南极洲	18.3	−89.2

雪冰鱼的血液中含有一种透明的物质，可以起到防冻的作用，因此它们能够在冰点以下的温度生存。生活在南极洲大陆架附近的所有鱼类中，大约1/9是雪冰鱼。

2012年，人们用欧洲核子研究组织的
大型强子对撞机进行的一项实验产生了超过
5.5万亿摄氏度 的温度，
这是地球上出现过的最高温度，
大约是太阳中心温度（约1500万摄氏度）的
366666倍，简直难以置信！

俄罗斯横跨欧洲和亚洲，是一个土地面积辽阔的国家。
在某些年份，这个与世隔绝的俄罗斯小镇的
气温在9月就会降到0℃以下，并且会持续到来年5月。
这里的孩子们必须特别耐寒，
因为气温降到−52℃的时候，学校才会关闭。

亚洲最低气温
−67.8℃

俄罗斯
奥伊米亚康

欧洲最低气温
−58.1℃

俄罗斯
乌斯休格

太平洋

欧洲最高气温
48.0℃

欧洲

亚洲最高气温
54.0℃

亚洲

澳大利亚南部的库伯佩迪是
一个有许多蛋白石矿区的小镇，
为了躲避夏季35—45℃的高温，
这里的大部分居民都住在由
挖开地下岩石而形成的房间里。
在他们家里，
温度大约保持在24℃，
这个小镇还有地下
旅馆和教堂。

摩洛哥
伊芙兰

希腊
雅典

突尼斯
吉比利

伊拉克
巴士拉

非洲最低气温
−23.9℃

非洲最高气温
55.0℃

2005年，伊朗卢特沙漠的
表面吸收了大量来自太阳的热量，
地表温度达到了**70.7℃**
——这里是地球上最热的地方。

非洲

大洋洲

大洋洲最高气温
50.7℃

印度洋

澳大利亚
乌德纳达塔

澳大利亚
库伯佩迪

非洲牛箱头蛙会把自己埋在地下，
在黏液制成的囊中避暑，
天气炎热干燥的情况下，这些黏液会变硬。
即使没有水，它们也可以待在里面长达7年，
直到雨水降临。
非洲牛箱头蛙的重量可达2千克，
和2只刺猬加起来差不多。

新西兰
兰弗利

南极洲附近海域

南极洲最低气温
−89.2℃

大洋洲最低气温
−25.6℃

沃斯托克科考站

南极洲

33

地球上的长度之最

有些东西可以延伸到很长的距离。让我们来看看地球上那些非常长的事物吧,其中既有自然景观,也有人造建筑。

安第斯山脉

南美洲的安第斯山脉是地球上最长的山脉,长度大约 **8900千米**。

尼罗河

尼罗河自南向北流经非洲部分地区,它的长度约为 **6695千米**。

这几乎是美国科罗拉多大峡谷长度的 **15倍**,也差不多是 **159个** 马拉松比赛的长度。

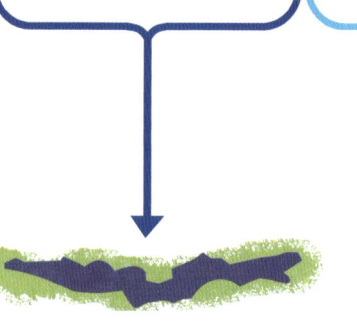

676千米 坦噶尼喀湖
位于非洲中部,是世界上最长的淡水湖泊。

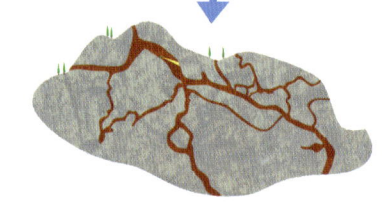

651.78千米 猛犸洞穴
位于美国肯塔基州,是已知世界上最长的洞穴系统。由于它还没有被完全勘测出来,所以实际上它可能会更长!

504.6千米 雅鲁藏布大峡谷
位于中国西藏,它比美国科罗拉多大峡谷大约长60千米。

402千米 兰伯特—梅洛尔冰川
位于南极洲,这座冰川的长度是白令冰川(位于美国阿拉斯加州,长度约190千米)的2倍多。

254千米 普拉亚做卡西诺海滩
巴西的普拉亚做卡西诺海滩长度大约是孟加拉国的科尔斯巴扎尔海滩长度的2倍。

979米 安赫尔瀑布
位于委内瑞拉,是世界上落差最大的瀑布,高度是埃菲尔铁塔的3倍多。

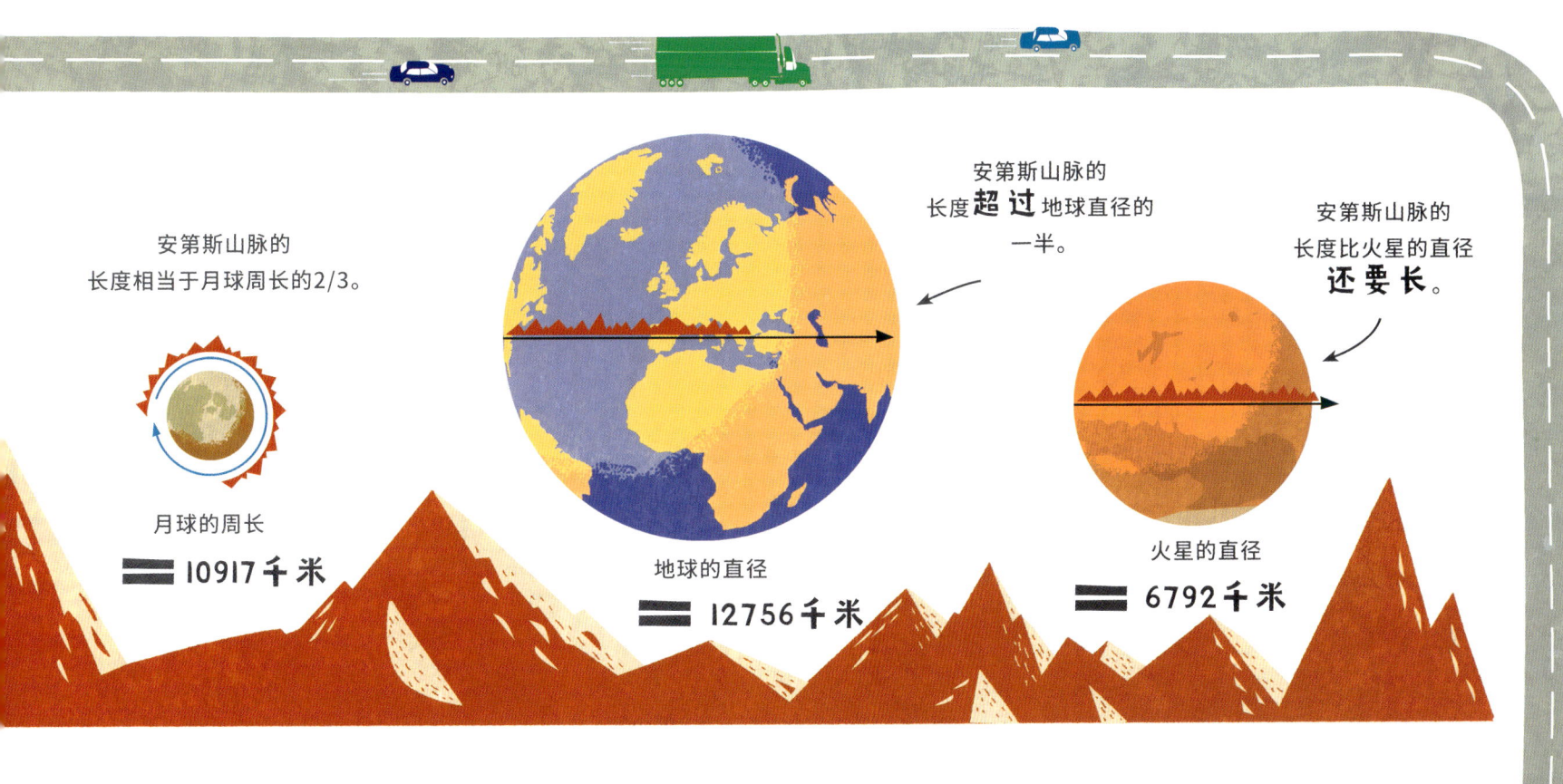

安第斯山脉的长度相当于月球周长的2/3。

安第斯山脉的长度**超过**地球直径的一半。

安第斯山脉的长度比火星的直径**还要长**。

月球的周长
= 10917千米

地球的直径
= 12756千米

火星的直径
= 6792千米

长长的人类奇迹

世界各地都有一些人类建造的超长建筑，主要用来运送人和货物。下面是一些非常长的建筑奇迹……

164.85千米 — **丹阳—昆山特大桥**主要承载往来上海和南京之间的高速列车。

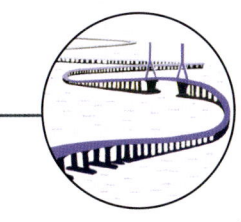

170千米 — **美国的特拉华输水管道**负责把水输送到纽约，它的长度是世界上最长的地铁隧道（位于广州）的2.5倍多。

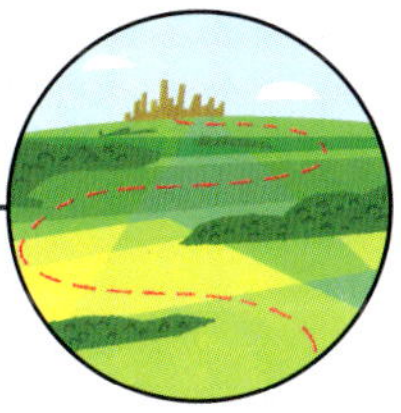

1797千米 — **京杭大运河**穿过了黄河和长江，从开凿至今已有2500多年的历史。

9288千米 — **俄罗斯的西伯利亚大铁路**连接莫斯科和符拉迪沃斯托克，其中有超过440座桥梁和39条隧道。

48000千米 — **泛美公路**主要穿越了14个国家，从美国阿拉斯加州的普拉德霍湾一直到阿根廷的最南端。

漫长的旅程

旅程不一定是短暂或乏味的例行公事，人类和其他生物还有许多艰难的旅行、漫长的跋涉和史诗般的大规模迁徙，有些旅程的足迹甚至已经超出了地球！

远距离迁徙

有些动物会想尽方法繁衍后代，它们会进行距离惊人的迁徙来寻找新鲜的食物和温暖的越冬地。下面是10种动物的迁徙距离。

- 红喉北蜂鸟 2200千米
- 鲑鱼 3800千米
- 黑脉金斑蝶 4800千米
- 格兰特驯鹿 5000千米
- 座头鲸 8300千米
- 阿德利企鹅 13000千米
- 小红蛱蝶 15000千米
- 黄蜻 18000千米
- 棱皮龟 20500千米
- 北极燕鸥 71000千米 ×1.75 ——约等于绕地球1.75圈！

然而，没有任何一只小红蛱蝶能单独完成整个迁徙周期。一路上，新的蝴蝶出生，老的蝴蝶死亡，它们需要繁衍6代才能完成约 **15000千米** 的旅程。

漫游者

自由的飞翔者

漂泊信天翁的名字非常贴切，这种巨大的鸟可以在大洋上空持续翱翔15000千米——约等于从美国得克萨斯州到澳大利亚珀斯的距离。

圣诞岛红蟹

每年10—12月，澳大利亚圣诞岛都会变成一片红色，因为有4000万—5000万只圣诞岛红蟹会成群结队地从森林里爬出来，到海岸上去繁殖。人们特地建造了桥梁和隧道来帮助它们安全抵达海岸。

独轮车漫游

2002年，美国人拉尔斯·克劳森骑着一辆独轮车横穿美国，从西海岸骑到东海岸后再折返，骑行距离达到14686.82千米。在205天的旅程中，他一共蹬了5118000次踏板。

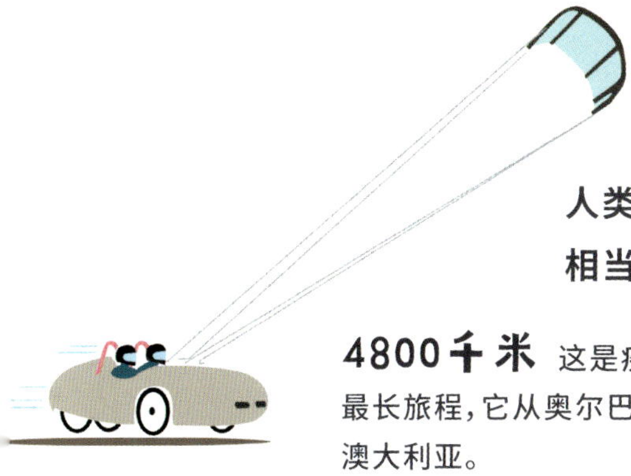

最长的旅行

人类在陆地、海洋和天空也进行过一些相当漫长的旅行。

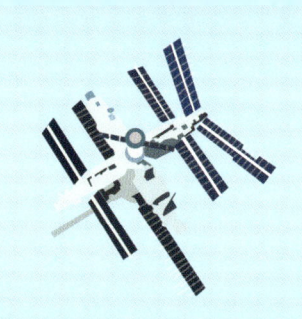

4800千米 这是疾风探险者号风力汽车完成的最长旅程,它从奥尔巴尼出发到达悉尼,成功穿越了澳大利亚。

10267千米 从俄罗斯莫斯科到朝鲜平壤的火车需要207个小时。

12501千米 2002—2003年,人们曾乘坐木筏RTE诺德号进行不间断的横跨太平洋的航行,耗时136天。

14534千米 截至2017年,最长的定期直飞航班是从新西兰奥克兰到卡塔尔多哈的航班,飞行时间为18小时20分钟。

30608千米 最长的连续徒步旅行是从南美洲最南端的火地岛到美国阿拉斯加州的普拉德霍湾的一次旅程。

57085千米 1982—1983年,英国皇家海军厌战号完成了时间最长的不间断水下潜艇航行,这艘军用潜艇在南大西洋水下执行巡逻任务111天。

1994—1995年,俄罗斯宇航员瓦列里·波利亚科夫完成了史上最远的旅程,他在和平号空间站连续工作了**437天18小时**。在这段旅程中,波利亚科夫环绕地球约7075周,航程约3亿千米,这比从地球到太阳一个来回的距离还要远。

大规模迁徙

在非洲,每年都有成千上万的动物在肯尼亚和坦桑尼亚的马赛马拉大草原和塞伦盖蒂大草原上迁徙,以寻找新鲜的牧草。这是一种环形的迁徙,距离可达**1600千米**。

超过20万只斑马、30万只汤氏瞪羚和140万只角马会完成这趟旅程。

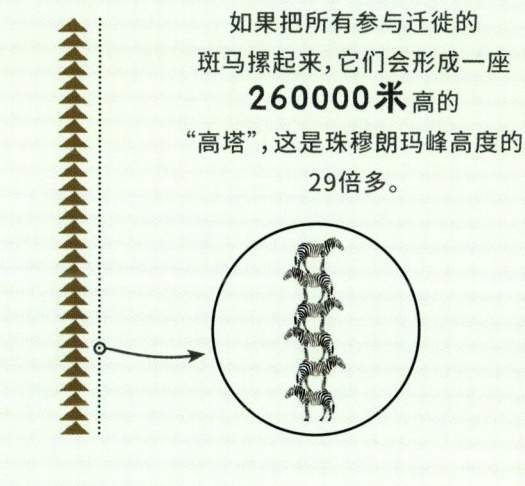

如果把所有参与迁徙的斑马摞起来,它们会形成一座**260000米**高的"高塔",这是珠穆朗玛峰高度的29倍多。

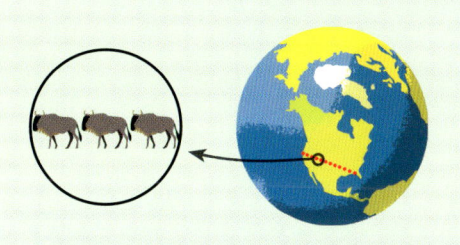

如果所有参与迁徙的角马头尾相连,这个队列将延伸大约**3360千米**,足够连接分别位于美国西部加利福尼亚州的圣迭戈和东部佛罗里达州的杰克逊维尔海滩。

漫漫回家路

1943年,美国一个家庭的宠物狗波比在一次去印第安纳州的旅行中走丢了,这家人随后回到了位于俄勒冈州的家里。谁知6个月后,波比也回来了!它用某种方式成功穿越美国,完成了一段约4600千米的史诗般的旅程。

漫长的游泳

2007年,来自斯洛文尼亚的马丁·斯特雷沿着亚马孙河顺流而下,伴着鳄鱼、水蚺和食人鱼,在65天筋疲力尽的旅程中游了5265千米。这次游泳的距离比从美国纽约到爱尔兰都柏林的距离还要远150千米。

我们在太空中的位置

地球是距离太阳第三近的行星，也是太阳系的八大行星之一，而太阳系其实只是宇宙中的很小一部分。

木星是太阳系中体积最大的行星。如果木星是一个直径25厘米的西瓜，那么地球就是一个2厘米长的小番茄，月球就是一个玉米粒。木星的体积大约是地球的1300倍。

木星
直径142984千米
西瓜

土星
直径120536千米
柚子

海王星
直径49532千米
苹果

冥王星现在被划分为矮行星，直径2304千米，按比例算和一粒胡椒差不多大。

水星
直径4875千米
蓝莓

天王星
直径51118千米
橙子

金星
直径12104千米
小番茄

地球
直径12756千米
小番茄

火星
直径6780千米
蓝莓

太阳系八大行星的表面平均温度（由于部分行星温差极大，表面平均温度为估算数据）

金星	水星	地球	火星	木星	土星	天王星	海王星
464℃	167℃	15℃	-65℃	-110℃	-140℃	-195℃	-200℃

光速

光的传播速度非常快，真空中的光速是 1079252848.88 千米/时

光在一年时间里沿直线经过的距离将近10万亿千米，这个距离叫作光年。

太空中的距离如此遥远，以至于光从恒星和类星体来到地球上需要花很长的时间。这意味着到达地球的光是很多年前从这些天体发出的，我们看到的已经是过去的事情了。

太阳系是银河系的一部分，银河系包括恒星、气体、尘埃和其他物质。光从银河系的中心传到地球需要花 **25000—28000年** 的时间。

银河系

我们在这里

地球

月球

光在地球和月球之间传播只需要 1.3秒。当你看向月球时，其实你看到的是1.3秒之前的月球。

火星

当火星和地球距离最近的时候，光在两者之间传播大约需要 **182秒**。当它们距离最远的时候，光在两者之间传播大约需要 **22分22秒**。

太阳

光从太阳系中心的恒星——太阳到达地球大约需要 **8分19秒**。

海王星

当海王星和地球距离最近的时候，它们仍然相距43亿千米，光大约需要 **4个小时** 才能完成这段旅程。

比邻星

除了太阳，距离地球最近的恒星是比邻星。光从比邻星到达地球大约需要 **4.24年**。

仙女星系

仙女星系是距离银河系最近的星系之一，光从仙女星系到达地球大约需要 **250万年**。

浩瀚的宇宙

你可能觉得地球是一个很大的地方，但是与整个宇宙相比，其实它渺小到难以置信。让我们从地球开始，去探索浩瀚广阔的宇宙吧！

太阳系以大约每秒230千米的速度快速运动。

如果你以这个速度运动的话，只需要2分54秒就能绕地球一圈。

即使按照这个速度，太阳系也要用2.3亿年才能绕银河系一圈。

地球
直径：12756千米

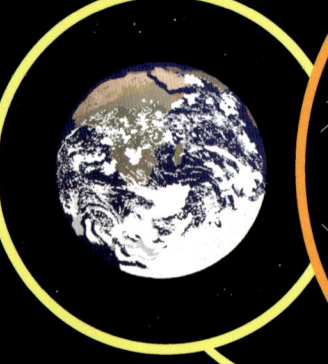

太阳系
直径：300亿千米（以日球层为界）
（0.0032光年）

银河系
直径：10万光年

本星系群

把2343995个地球排成一排，才约等于太阳系的直径。

太阳系的边界在哪里并没有一个明确的定义，目前美国国家航空航天局使用太阳风的范围来定义。太阳风就是太阳发出的粒子流，它们传播的范围大约是日地距离的100倍。

把3164万个太阳系排成一排，才约等于银河系的直径。

星系群就是由一些星系组成的群体，银河系所在的星系群叫作本星系群。

把100个银河系排成一排，才约等于本星系群的直径。

本星系群是一个更大的超星系团的一部分，这个超星系团叫作拉尼亚凯亚超星系团。

把52个本星系群排成一列，才约等于拉尼亚凯亚超星系团的直径。

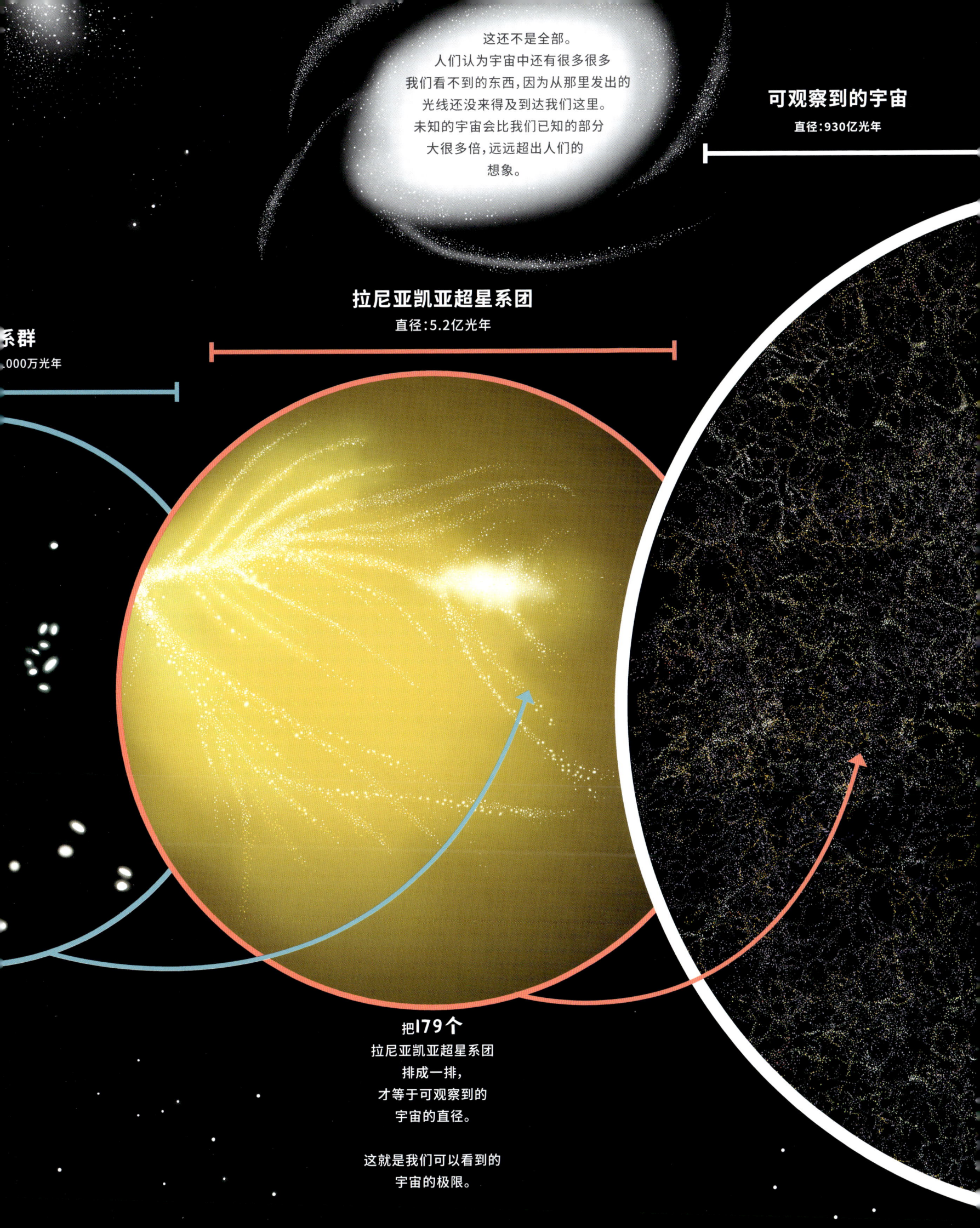

这还不是全部。
人们认为宇宙中还有很多很多
我们看不到的东西，因为从那里发出的
光线还没来得及到达我们这里。
未知的宇宙会比我们已知的部分
大很多倍，远远超出人们的
想象。

可观察到的宇宙
直径：930亿光年

拉尼亚凯亚超星系团
直径：5.2亿光年

系群

000万光年

把179个
拉尼亚凯亚超星系团
排成一排，
才等于可观察到的
宇宙的直径。

这就是我们可以看到的
宇宙的极限。

万有引力

引力是一种无形的力，可以将物体拉向彼此，质量（基本单位是千克）更大的物体具有更强的引力。例如，太阳的引力强到可以使太阳系内的所有行星围绕它转动。

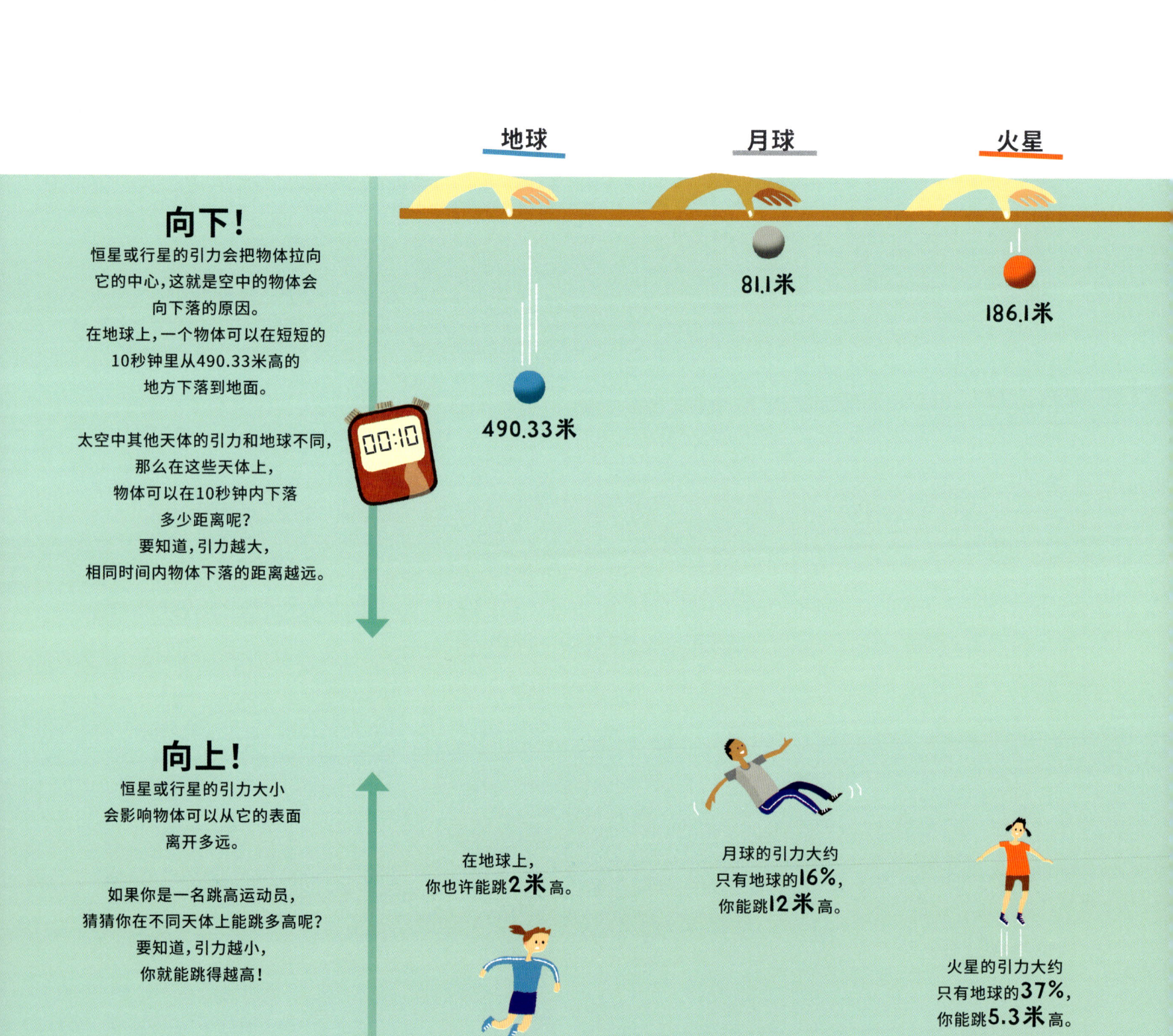

地球　　月球　　火星

向下！

恒星或行星的引力会把物体拉向它的中心，这就是空中的物体会向下落的原因。

在地球上，一个物体可以在短短的10秒钟里从490.33米高的地方下落到地面。

太空中其他天体的引力和地球不同，那么在这些天体上，物体可以在10秒钟内下落多少距离呢？

要知道，引力越大，相同时间内物体下落的距离越远。

81.1米

186.1米

490.33米

向上！

恒星或行星的引力大小会影响物体可以从它的表面离开多远。

如果你是一名跳高运动员，猜猜你在不同天体上能跳多高呢？要知道，引力越小，你就能跳得越高！

在地球上，你也许能跳**2米**高。

月球的引力大约只有地球的16%，你能跳**12米**高。

火星的引力大约只有地球的37%，你能跳**5.3米**高。

42

重量是两个特定物体——比如你和地球之间引力大小的量度。

由于宇宙中各个天体的引力不同，所以你的体重并非一成不变。假设你在地球上的体重是45千克，下面就是你在其他天体上的体重（四舍五入到0.5千克）。

7.5千克 月球

17千克 火星

108千克 木星

48.5千克 土星

1260千克 太阳

木星

土星

冥王星

太阳

31米

541米

1176米

冥王星的引力只有地球的 **6%**，所以你可以跳 **31.7米**！

木星的引力大约是地球的 **2.36倍**，你只能跳 **0.83米**。

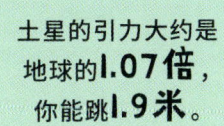

土星的引力大约是地球的 **1.07倍**，你能跳 **1.9米**。

13720米

在太阳上，你只能跳 **7.16厘米**，因为这里的引力大约是地球的 **28倍**。

43

巨大的昆虫

大多数昆虫的体形都很小，但是有一些却可以长得非常大，下面这些昆虫在书上的大小和它们的实际大小一样！

亚历山大女皇鸟翼凤蝶

这种雌性蝴蝶的翼展可以达到 **30厘米**。

它的一侧翅膀宽度大约和一个9岁孩子的手掌一样。

相比之下，西奈巴东蓝蝶是世界上最小的蝴蝶之一，它的翼展只有 **1厘米**。

竹节虫

发现于中国的一种巨竹节虫是世界上最长的昆虫。

它的体长为 **36.1厘米**，但是如果从伸展开的前肢量到后肢，它的总长度可以达到 **62.4厘米**。

它的总长度约等于8只优红蛱蝶的翼展。

× 8

44

非洲大蜗牛
目前发现最大的
非洲大蜗牛体长约
39.3厘米,重**900克**,
比90只小灰蜗牛加起来
还要重。

×90

它和两只28码的童鞋(约19厘米长)连在一起的长度差不多。

亚马孙巨人食鸟蛛
这种蜘蛛的足展可以达到
28厘米长,体形和一个大号餐盘
差不多大。它的体重可以达到
170克,这是间斑寇蛛
(俗称黑寡妇蜘蛛)
体重的170倍。

×170

45

小小的动物

地球上最大的生物经常引人注目，但是小动物也值得我们关注。这两页的小动物和它们的实际大小一样。

皮氏倭狐猴

这种小动物的体长约 **6.1厘米**，和一个蜜橘差不多大，比一个苹果还小一点。

这种狐猴的尾巴可以长到 **13.6厘米**，是它体长的2倍多。

它的重量是 **30—40克**，比一个高尔夫球还轻一点。

美丽侏袋貂

这种小型有袋类动物的体长只有 **5—6.5厘米**。

两只美丽侏袋貂摞起来还没有一个勺子高！

重量 **6—8克**

一只美丽侏袋貂和两块方糖差不多重。

佩里乌鲨

一只成年雄性佩里乌鲨的体长可能仅有 **16厘米**，甚至比一支铅笔还短。

这种鲨鱼的头部大约占据体长的1/4，上下颌各有30颗细小的牙齿。

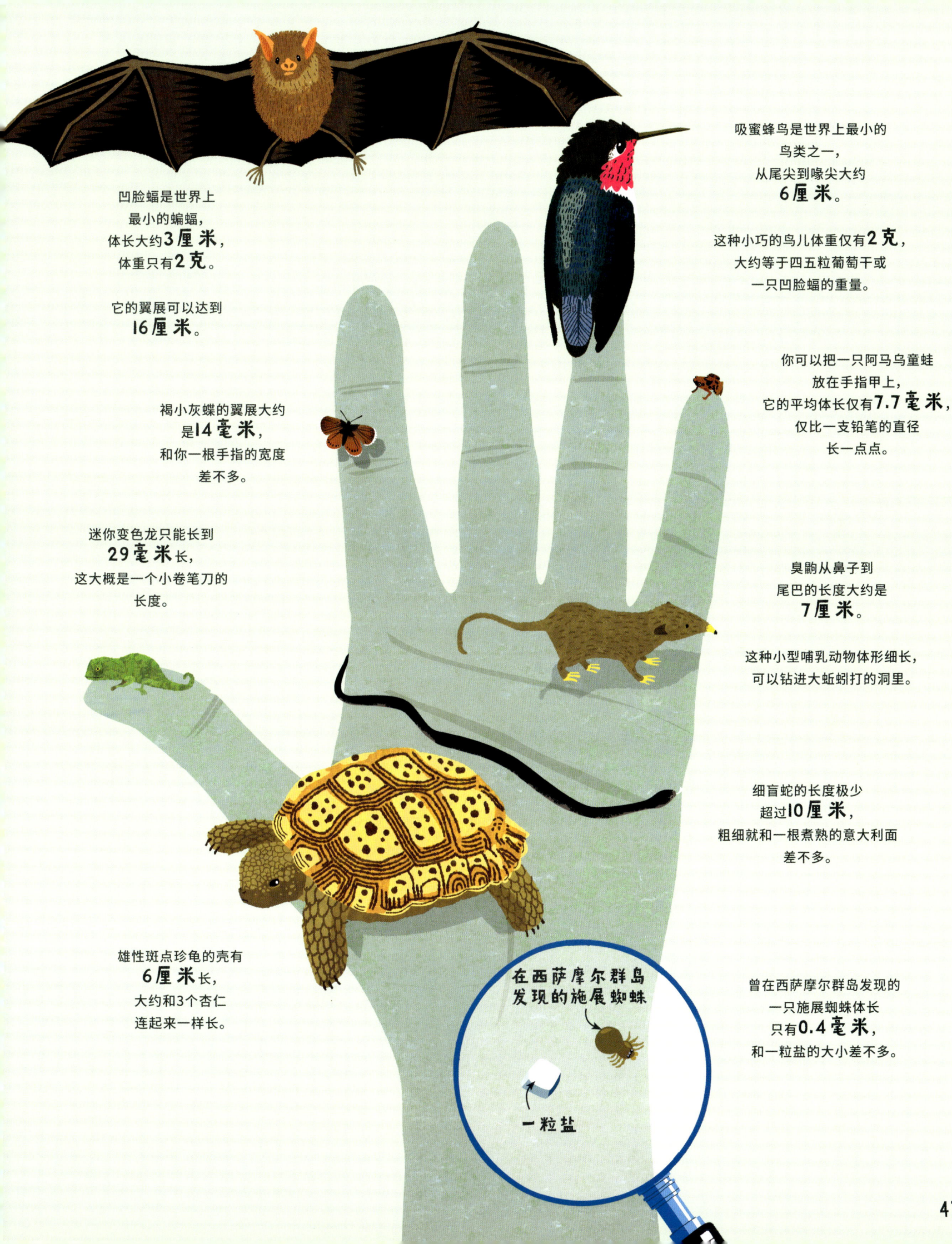

凹脸蝠是世界上
最小的蝙蝠，
体长大约 3 厘米，
体重只有 2 克。

它的翼展可以达到
16 厘米。

吸蜜蜂鸟是世界上最小的
鸟类之一，
从尾尖到喙尖大约
6 厘米。

这种小巧的鸟儿体重仅有 2 克，
大约等于四五粒葡萄干或
一只凹脸蝠的重量。

褐小灰蝶的翼展大约
是 14 毫米，
和你一根手指的宽度
差不多。

你可以把一只阿马乌童蛙
放在手指甲上，
它的平均体长仅有 7.7 毫米，
仅比一支铅笔的直径
长一点点。

迷你变色龙只能长到
29 毫米长，
这大概是一个小卷笔刀的
长度。

臭鼩从鼻子到
尾巴的长度大约是
7 厘米。

这种小型哺乳动物体形细长，
可以钻进大蚯蚓打的洞里。

细盲蛇的长度极少
超过 10 厘米，
粗细就和一根煮熟的意大利面
差不多。

雄性斑点珍龟的壳有
6 厘米长，
大约和 3 个杏仁
连起来一样长。

在西萨摩尔群岛
发现的施展蜘蛛

一粒盐

曾在西萨摩尔群岛发现的
一只施展蜘蛛体长
只有 0.4 毫米，
和一粒盐的大小差不多。

47

微观世界

你可能觉得这句话末尾的句号已经很小了，但其实这两页还有许多更小的东西，以至于现实生活中我们无法用肉眼看到它们。

看到更小的事物

光学显微镜可以利用光学原理，把肉眼不能看清的微小物体放大成像，最先进的光学显微镜可以把物体放大 **1000倍** 甚至更多。

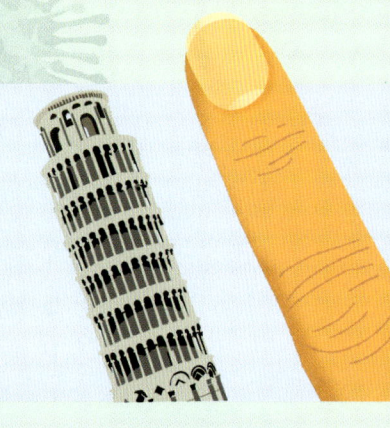

如果用光学显微镜把约6厘米长的手指放大 **1000倍**，这根手指就会变成 **60米** 长的庞然大物，甚至超过了比萨斜塔的高度。

这里的杏仁、米粒和盐都是 **实际大小**。

一颗杏仁的平均长度是 **21毫米**。

一粒米的长度约为 **6毫米**，一颗杏仁的长度是它的3.5倍。

一粒盐的长度约为 **0.3毫米**，一粒米的长度是它的20倍。

更加微小的物体可以用电子显微镜来观察。和光学显微镜主要利用光学原理不同，电子显微镜使用电子束来放大物体，可以将物体放大到实际尺寸的 **100万—200万倍**。

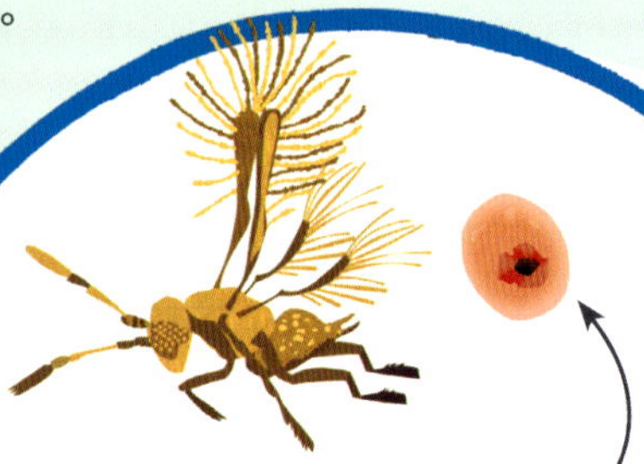

雄性寄生蜂
体长0.14毫米

一种雄性寄生蜂是世界上最小的昆虫之一，大小只有一粒盐的一半。把150只这种雄性寄生蜂排成一排才约等于一颗杏仁的长度。

人类皮肤细胞
直径30微米

一只雄性寄生蜂的体长大约是人类皮肤细胞直径的4.66倍，数十亿这样的细胞组成了我们身体最大的器官——皮肤。

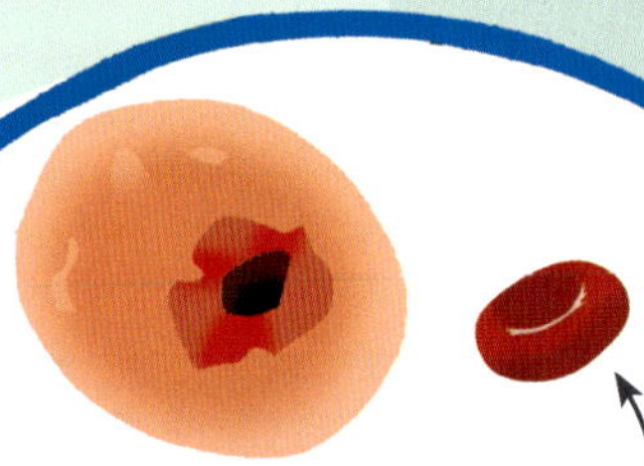

红细胞
直径7.5微米

人体皮肤细胞的直径大约是一个普通红细胞直径的4倍。大约11个红细胞排成一排，等于一根头发的直径。

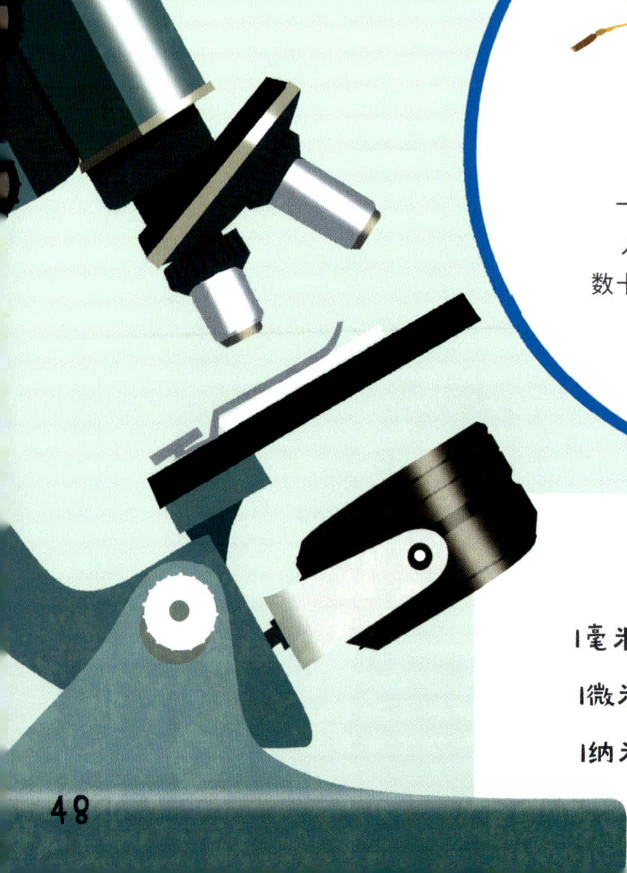

微小尺寸测量单位

1毫米（mm）＝ 1000微米（μm）

1微米（μm）＝ 1000纳米（nm）

1纳米（nm）＝ 1米的十亿分之一

按比例放大

与日常物品相比，一些最小的东西到底有多小呢？
一个高尔夫球的直径是 **4.27厘米**，也就是 **42700000纳米**。

高尔夫球的
实际大小

高尔夫球直径是一个红细胞
直径的 **5693倍**。
如果红细胞变成高尔夫球的大小，

高尔夫球直径是流感病毒
直径的 **427000倍**。
如果流感病毒变成高尔夫球的大小，

如果把一个铜原子变成
高尔夫球的大小，

按照比例，高尔夫球的直径就会达到 **243米**，
大约是埃菲尔铁塔高度的3/4。

按照比例，高尔夫球的直径
就会达到 **18233米**，
这是珠穆朗玛峰高度的2倍多！

那么高尔夫球的直径就会
变成 **7293千米**，比火星的
直径还长！

流感病毒
直径约100纳米

流感病毒直径只有
伤寒杆菌长度的1/25。

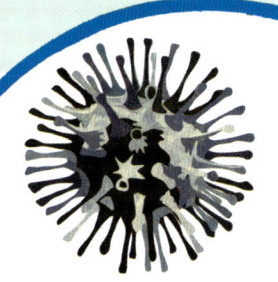

DNA
链宽约2.5纳米

人体的DNA链宽大约是
一个流感病毒直径的1/40。
DNA包含了一个生命体形态和
行为的所有信息。

伤寒杆菌
长度约2500纳米

伤寒杆菌的平均长度
大约是一个红细胞直径的1/3，
这种细菌会引发一种名为
"伤寒病"的传染病。

铜原子
直径约0.25纳米

10个化学元素铜原子相连约等于
一条DNA链的宽度。

大约 **40万个** 铜原子相连才等于这页纸的厚度。

最大的和最重的

地球非常大，
可以容纳大小千差万别的生物繁衍生息。
来看看自然界中的生物能有多大吧！

把这些巨大的生物和一个成年人的体形比一比。

最大的章鱼
北太平洋巨型章鱼
体长可达9.1米

最大的鱼
翻车鲀
体长可达3.1米

最大的乌贼
大王乌贼
体长可达13米

最大的飞鸟
漂泊信天翁
翼展可达3.1米

最大的鳄鱼
湾鳄
体长超过6米

最大的蜥蜴
科莫多巨蜥
体长可达3米

最高的陆地动物
长颈鹿
高达5.5米

最大的陆地动物
非洲草原象
高达3.2米

成年男性平均身高
1.75米

最大的螃蟹
甘氏巨螯蟹
足展可达3.8米

最大的鸟
非洲鸵鸟
高达2.7米

最大的哺乳动物
蓝鲸
体长可达29.9米

一个关于重量的问题

多少体形较小的生物加起来才等于一只蓝鲸的重量呢？一起看看吧！

1只 虎皮鹦鹉 约35克

7只 虎皮鹦鹉 = 约等于1条 小丑鱼 约250克

1只 北极兔 约5千克 = 5只 刺猬

1只 刺猬 约1千克 = 4条 小丑鱼

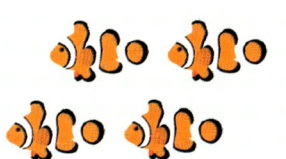

9只 北极兔 = 1只 鸸鹋 约45千克

6只 鸸鹋 = 1匹 斑马 约270千克

1头 非洲象 约5500千克 = 5头 黑犀牛

1头 黑犀牛 约1100千克 = 4匹 275千克重的斑马

5头 非洲象 = 1头 座头鲸 约27500千克

5头 座头鲸 + 1头 大型河马 约4500千克 = 1头 成年蓝鲸 约142000千克

51

大家伙

说到大型生物，没有比蓝鲸更大的了——它是一个巨无霸！蓝鲸的体长可达29.9米，和一架波音737-100型喷气式客机的长度差不多。

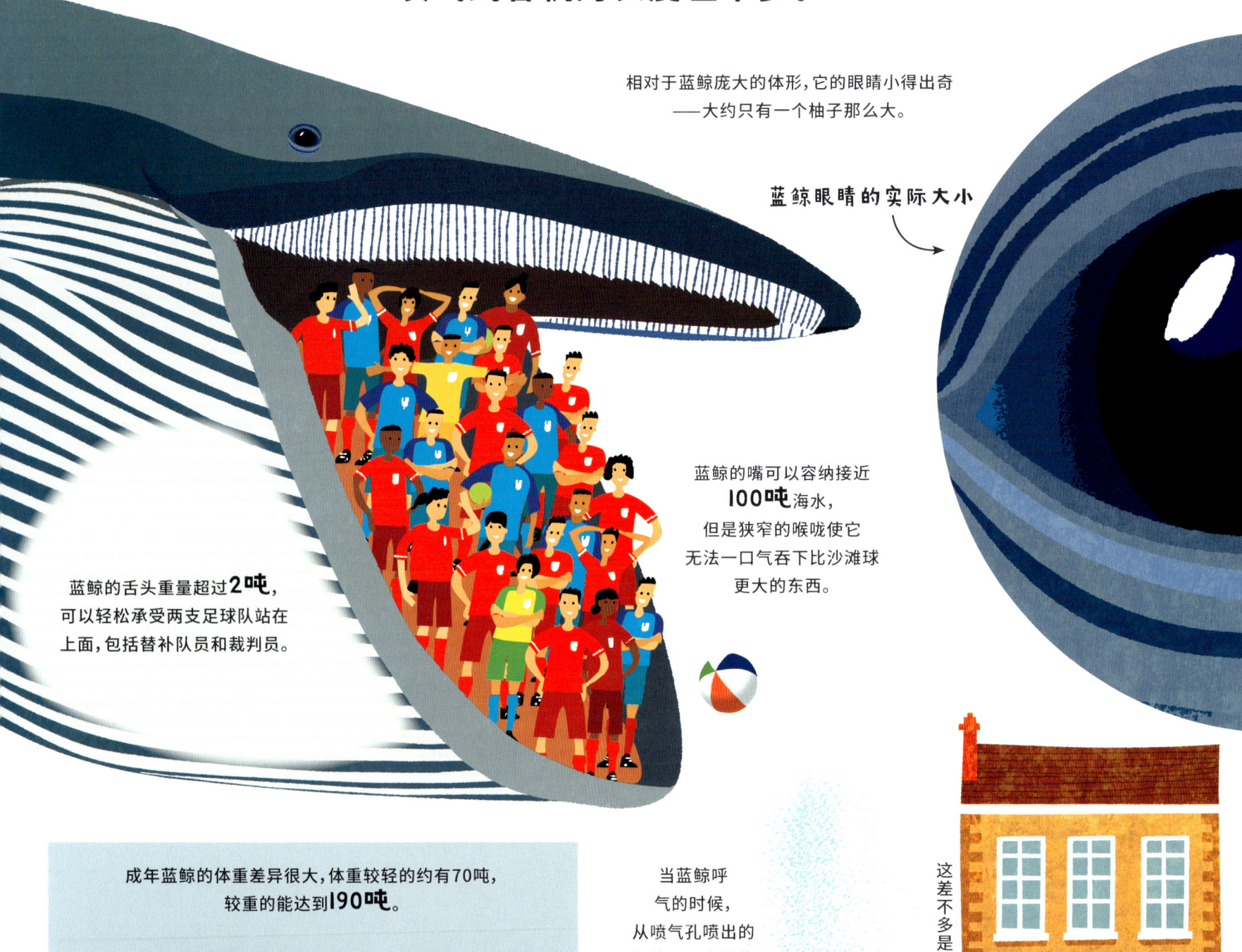

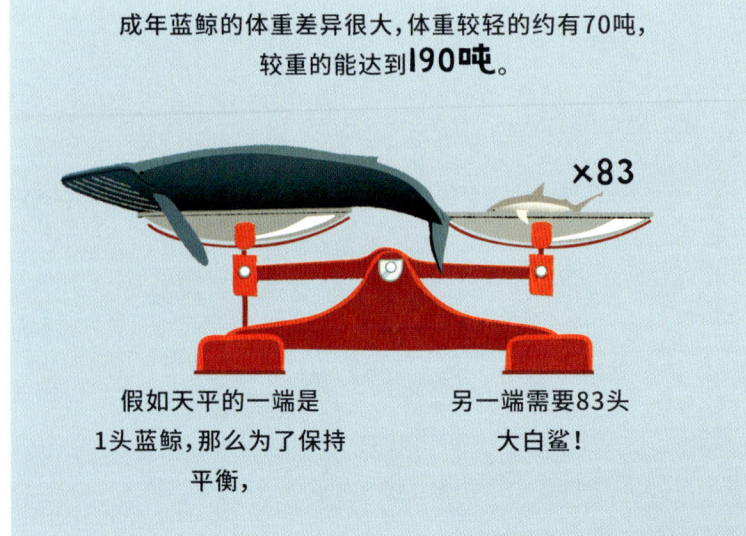

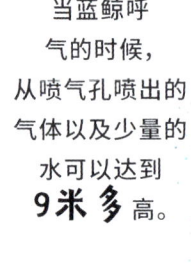

相对于蓝鲸庞大的体形，它的眼睛小得出奇——大约只有一个柚子那么大。

蓝鲸眼睛的实际大小

蓝鲸的舌头重量超过**2吨**，可以轻松承受两支足球队站在上面，包括替补队员和裁判员。

蓝鲸的嘴可以容纳接近**100吨**海水，但是狭窄的喉咙使它无法一口气吞下比沙滩球更大的东西。

成年蓝鲸的体重差异很大，体重较轻的约有70吨，较重的能达到**190吨**。

×83

假如天平的一端是1头蓝鲸，那么为了保持平衡，另一端需要83头大白鲨！

当蓝鲸呼气的时候，从喷气孔喷出的气体以及少量的水可以达到**9米多**高。

这差不多是一栋3层建筑的高度！

52

给蓝鲸称重

一头幼年蓝鲸的体长大约是 **7米**，和一辆大型房车的长度差不多。

幼年蓝鲸的体重可达 **2700千克**，

和一头小型成年河马的体重差不多。

蓝鲸幼崽需要母亲哺乳，它们每天大约可以喝下 **379升** 乳汁…

这些乳汁足够装满 **2.37个** 浴缸。

成年蓝鲸的心脏和一辆小汽车差不多大。

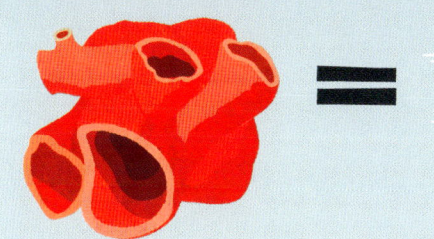

成年蓝鲸的心脏重量大约是 **450千克**，而你的心脏最多重 300克。

蓝鲸的两个肺能容纳约 **5000升** 空气。

这些空气能装下455个容量为11升的潜水氧气瓶。

×455

蓝鲸的叫声能达到 **188分贝**，这比喷气式飞机引擎的轰鸣声还要高出大约48分贝。

蓝鲸低沉的声音能在水下传播大约 **800千米**，这大概是从法国巴黎到奥地利萨尔茨堡的直线距离。

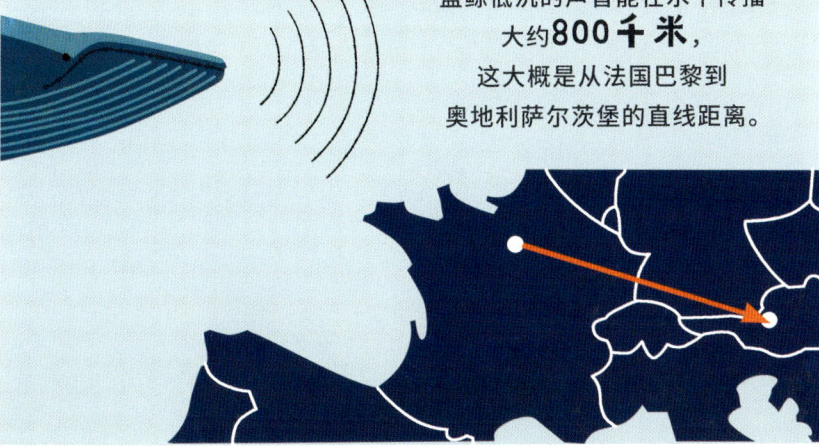

蓝鲸的尾鳍能够填满整个足球门。

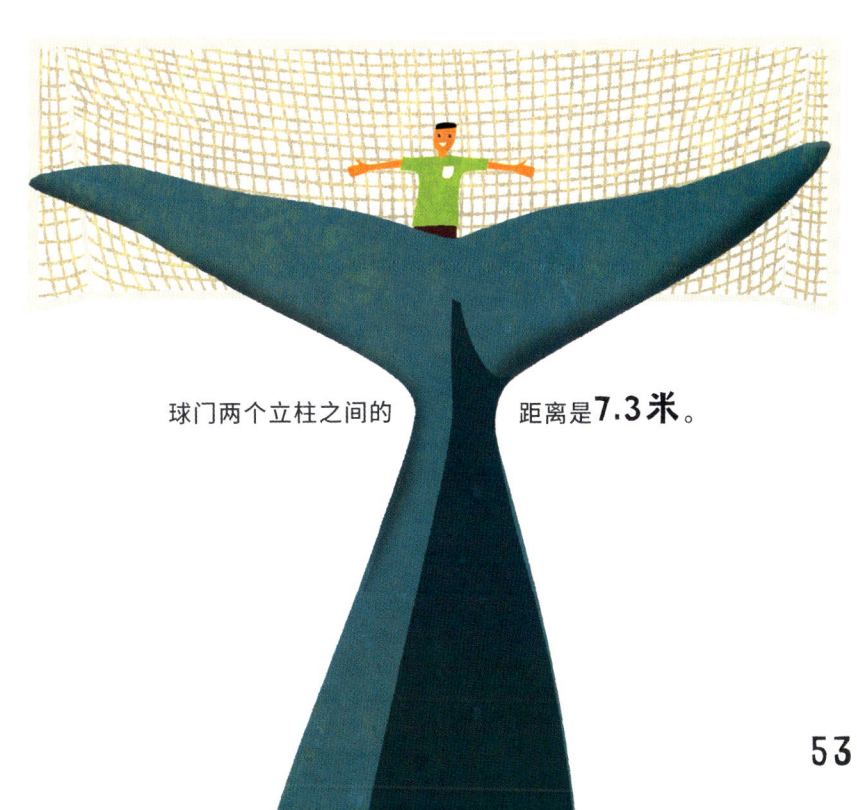

球门两个立柱之间的距离是 **7.3米**。

53

恐龙时代

数千万年前，像恐龙和翼龙这样特殊的爬行动物曾经生活在地球上。其中一些小得惊人，另一些则非常巨大！

无齿翼龙
它是一种可以飞行的爬行动物，翼展约为6.25米，和一架悬挂式滑翔机的翼展差不多。

梁龙
梁龙有着不可思议的长脖子和长尾巴，它的体长可以达到大约26米，这是霸王龙体长的2倍多。

甲龙
体长可达7米，臀高约1.7米，比一些成年男性的身高要低一点。

人类
成年男性的身高约1.75米

微肿头龙
体长仅有50—60厘米，和一只猫差不多大。这种恐龙是在中国发现的，也是迄今为止发现的体形最小的恐龙之一。

伶盗龙
体长1.8米，但只有60—75厘米高，大概到人类的腰部。

霸王龙
体长可达12.3米，站立身高4.5—6米，体重约为7吨，约等于一头雄性非洲象加上四匹斑马的重量。

已知最大的恐龙脚印长度超过1.7米，几乎和一名成年男性的身高一样。

阿根廷龙
人类　霸王龙

阿根廷龙
体长可达 **37米**,
这比3辆双层大巴车排成一排还要长。

风神翼龙
翼展可达**11米**,
比F-16喷气式战斗机的翼展还要长。

剑龙
体长可达**9米**,
体重约为**3吨**,
比4头奶牛加起来还要重。

三角龙
体长约**9米**,
和**5只**伶盗龙
排成一排的长度差不多。

55

超级捕食者和排泄物

虽然不是只有大个子才会吃得多、排得多，但是大个子一般都是这样的！这里是一些破纪录的捕食者和排泄物。

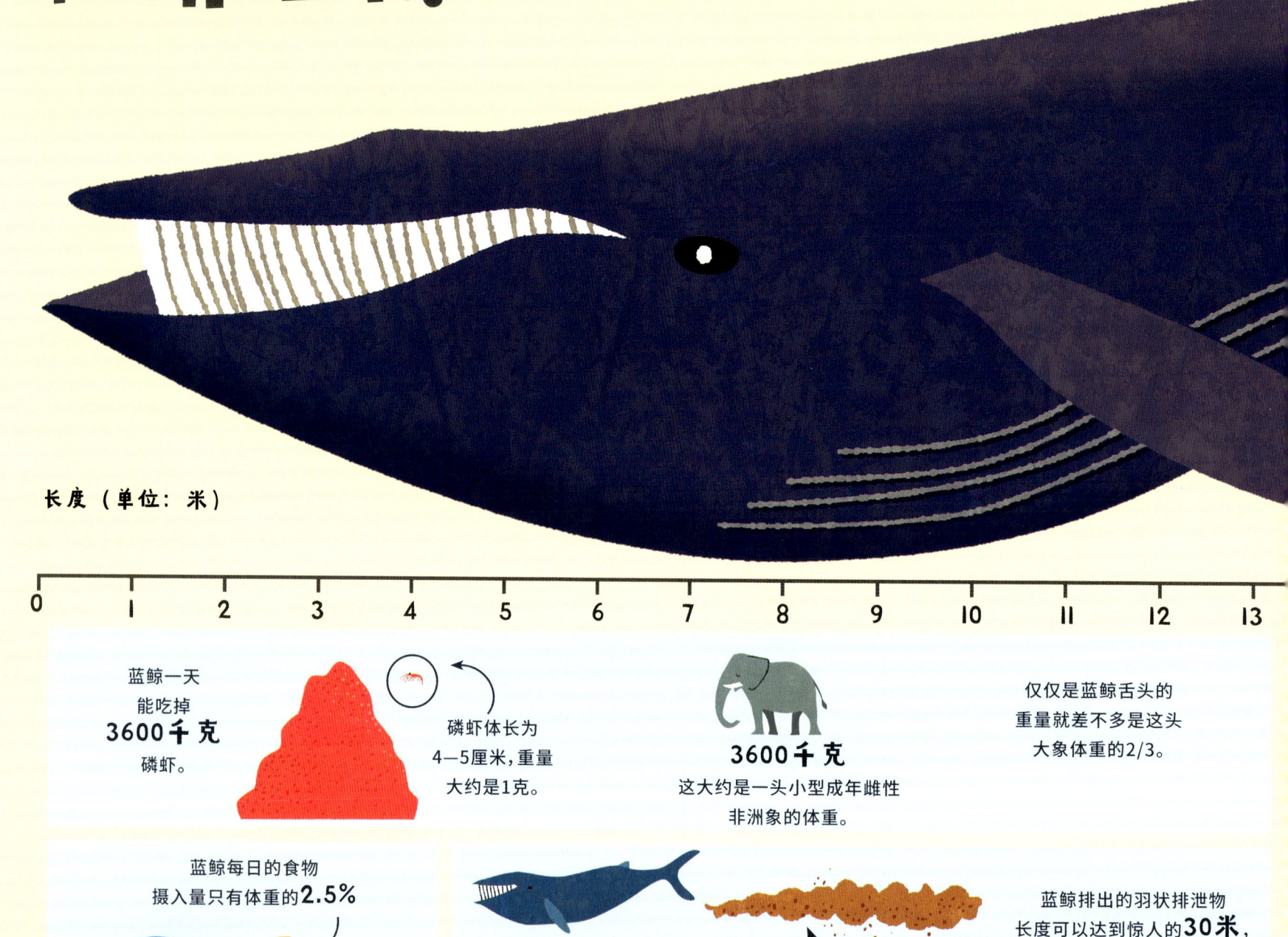

长度（单位：米）

0　1　2　3　4　5　6　7　8　9　10　11　12　13

蓝鲸一天能吃掉 **3600千克** 磷虾。

磷虾体长为4—5厘米，重量大约是1克。

3600千克
这大约是一头小型成年雌性非洲象的体重。

仅仅是蓝鲸舌头的重量就差不多是这头大象体重的2/3。

蓝鲸每日的食物摄入量只有体重的2.5%

蓝鲸排出的羽状排泄物长度可以达到惊人的**30米**，这差不多是3辆大巴车连起来的长度。

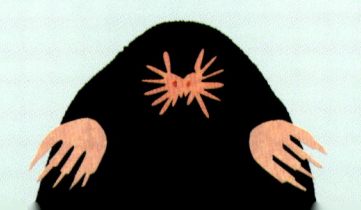

超级捕食者

讨厌的飞蛾
一种生活在马达加斯加的飞蛾需要饮用泪水，它会悄悄接近体形更大的动物，然后戳它们的眼睛，直到它们流泪，这样自己就可以喝到其他动物的眼泪了。

最快的进食者
星鼻鼹是进食速度最快的动物之一，它可以在227毫秒（不到0.25秒）内吃完食物。

淘气的蚓螈
刚出生的蚓螈（蚯蚓状的两栖动物）会用尖牙从母亲的身上剥下皮肤并以此为食。

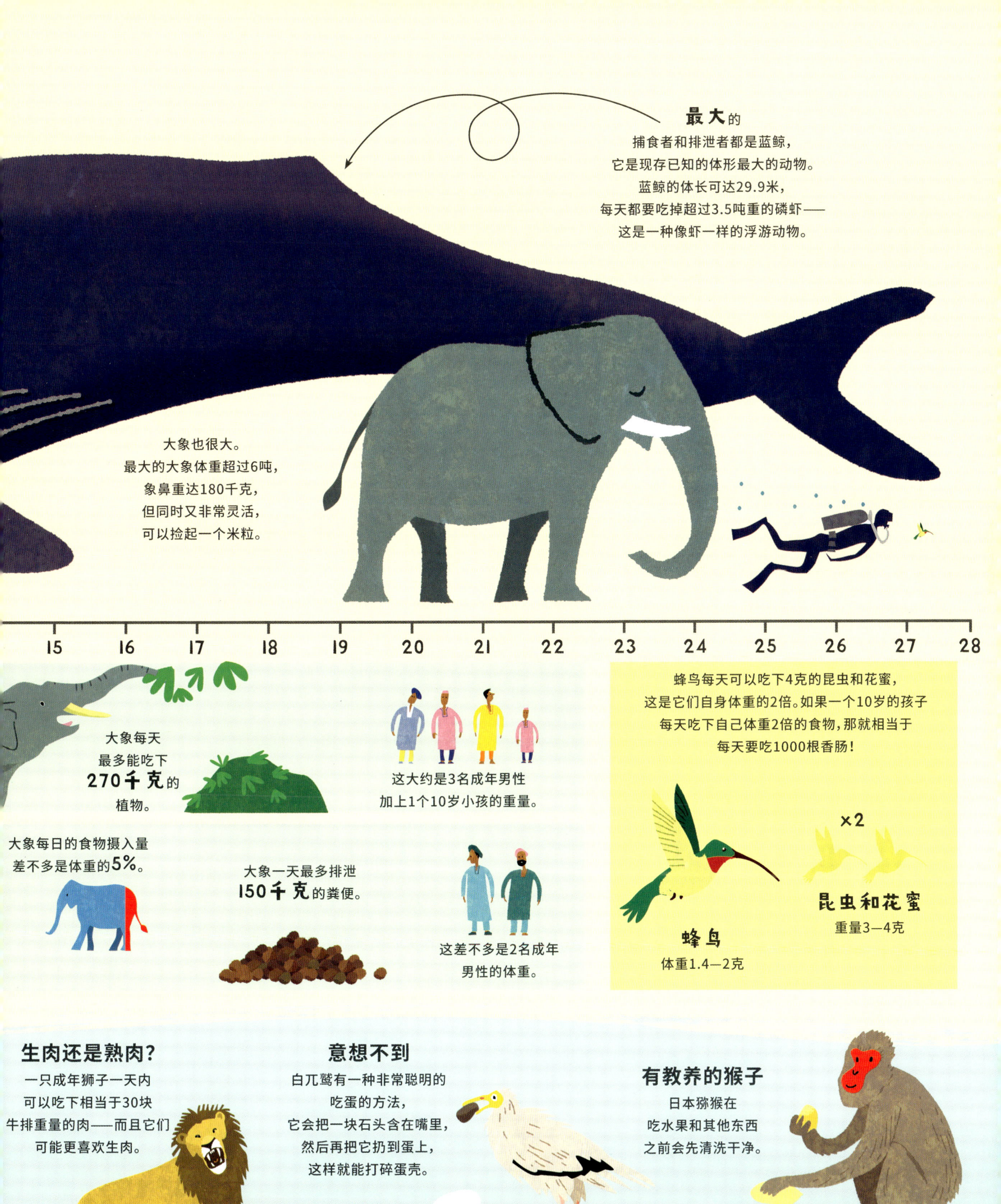

最大的
捕食者和排泄者都是蓝鲸，
它是现存已知的体形最大的动物。
蓝鲸的体长可达29.9米，
每天都要吃掉超过3.5吨重的磷虾——
这是一种像虾一样的浮游动物。

大象也很大。
最大的大象体重超过6吨，
象鼻重达180千克，
但同时又非常灵活，
可以捡起一个米粒。

15　16　17　18　19　20　21　22　23　24　25　26　27　28

大象每天
最多能吃下
270千克的
植物。

大象每日的食物摄入量
差不多是体重的5%。

大象一天最多排泄
150千克的粪便。

这大约是3名成年男性
加上1个10岁小孩的重量。

这差不多是2名成年
男性的体重。

蜂鸟每天可以吃下4克的昆虫和花蜜，
这是它们自身体重的2倍。如果一个10岁的孩子
每天吃下自己体重2倍的食物，那就相当于
每天要吃1000根香肠！

蜂鸟
体重1.4—2克

×2

昆虫和花蜜
重量3—4克

生肉还是熟肉？
一只成年狮子一天内
可以吃下相当于30块
牛排重量的肉——而且它们
可能更喜欢生肉。

意想不到
白兀鹫有一种非常聪明的
吃蛋的方法，
它会把一块石头含在嘴里，
然后再把它扔到蛋上，
这样就能打碎蛋壳。

有教养的猴子
日本猕猴在
吃水果和其他东西
之前会先清洗干净。

勇敢而危险的挑战

人们参与极限运动是为了寻求挑战和刺激肾上腺素，但挑战极限的同时也可能会发生意外。那么，哪些运动是最危险的呢？

注意安全，快乐运动

所有运动都有一定程度的危险性，因此各项运动也会有明确的活动要求和安全措施，以确保参与者的安全。如果你想尝试一项新的运动，务必要和一个负责任的成年人一起并了解相关规则。

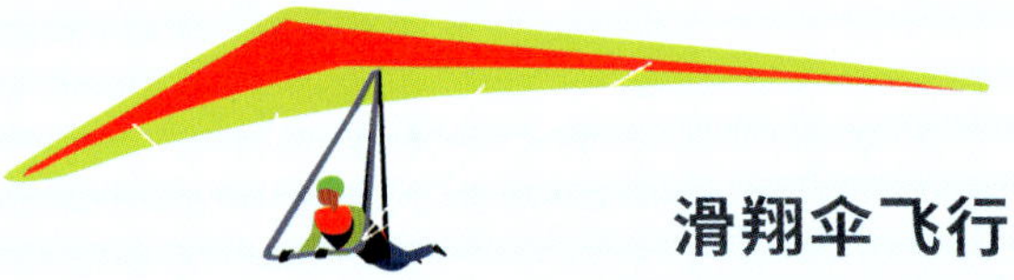

滑翔伞飞行

在没有引擎动力的情况下，悬挂在帆状的机翼下飞行。在英国，平均每116000次滑翔伞飞行就会有1人死亡。

跑酷

在这项运动中，人们会用各种新奇好看的姿势在建筑物密集的环境里奔跑，他们边跑边跳，从一个地方攀爬到另一个地方。

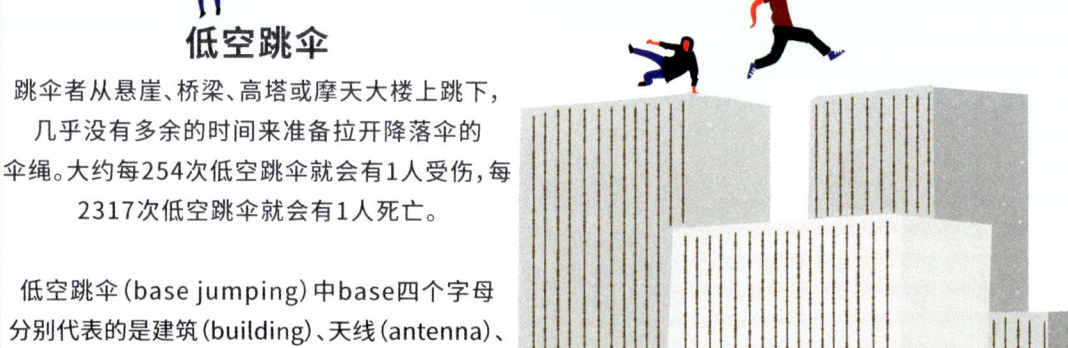

低空跳伞

跳伞者从悬崖、桥梁、高塔或摩天大楼上跳下，几乎没有多余的时间来准备拉开降落伞的伞绳。大约每254次低空跳伞就会有1人受伤，每2317次低空跳伞就会有1人死亡。

低空跳伞（base jumping）中base四个字母分别代表的是建筑（building）、天线（antenna）、桥梁（span，原词一般指桥梁跨距）和地面（earth，原词一般指地球，这里指悬崖等）。

皮划艇

世界各地的水道评级从1级（水流平缓，相对安全）到6级（环境险恶，可能有致命危险）不等。总体来说，大约每100000次皮划艇运动就会有2人死亡。

水肺潜水

水肺潜水可以让人们探索海洋深处，但是这项运动也有危险。全世界每年大约有140人死于水肺潜水，或者说大约每200000次水肺潜水就会有1人死亡。

不要在家里尝试这些！

惊人的自由落体

2014年，艾伦·尤斯塔斯从41.42千米的高空开始自由落体，他在短短4分27秒的时间里下降了37.6千米，在打开降落伞之前，他的速度达到了1321千米/时，最终安全着陆。

倒着骑车

2002年，一位荷兰山地自行车手彼得·德·哈特在崎岖的地形上倒着骑车，他在2小时8秒内骑行了50千米。

深呼吸

自由潜水员会屏住呼吸，下潜到尽可能深的地方。有些人吸气一次能够在水下坚持3.5分钟以上，并且下潜到超过95米深的地方，这个深度和伦敦大本钟的高度差不多。

高空跳伞

从飞机上跳下，使用降落伞着陆，这项运动非常刺激，也充满危险。2015年，在美国平均每100万次高空跳伞就有6.1次是致命的。

2014年，在一次双人跳伞中曾出现了非常严重的失误，主降落伞和备用降落伞都没有打开，两位跳伞者从4200多米的高空坠落，但却奇迹般地活了下来！

极限登山运动

攀登珠穆朗玛峰这样高海拔、高难度的山峰是有风险的。自20世纪20年代以来，超过290名登山者在攀登珠穆朗玛峰的过程中丧生。

蹦极

从空中一跃而下，只有一根弹性绳索来阻止你坠落到地面。蹦极非常刺激，但也有一定的危险——这项运动的死亡率大约是五十万分之一。

双板滑雪

在美国2015—2016年的滑雪季里，人们一共完成了约5280万次滑雪，其中有39人死亡。也就是说，平均每100万次滑雪运动就会有0.74人死亡。

单板滑雪

单板滑雪的速度要比双板滑雪慢一些，很少出现运动者死亡的情况，但受伤是很常见的。戴头盔、穿防护服可使头部严重受伤的风险降低约40%。

摩托车越野赛

即使穿戴好防护衣和头盔，在崎岖的地形上比赛以及表演越野摩托车特技也有严重的受伤风险。

赛车

赛车在赛道上飞驰的时候，速度可以超过321千米/时。虽然赛车过程中经常发生碰撞，但赛车手死亡的情况很少见。

太空球

在太空球运动中，一个人待在一个巨大的透明塑料球里，可以以超过45千米/时的速度滚下山坡，这相当于一名优秀男子百米短跑运动员的速度。

极限熨烫

这项运动的目的是在看似不可能的地方熨烫衣服！2006年，英国水肺潜水员路易丝·特里瓦弗斯在红海137米深的地方支起了一个负重熨衣板，并且熨烫了一件T恤。

真冷啊！

2009年，绰号"冰人"的荷兰人维姆·霍夫仅穿着短裤攀登到乞力马扎罗山被冰雪覆盖的峰顶，他还曾置身于冰块中长达1小时52分钟。

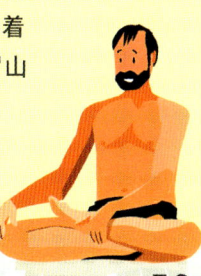

运动纪录

你知道美国职业篮球联赛(NBA)的篮球场上可以放下104张乒乓球桌吗？你知道男子三级跳远世界纪录只比3个拳击台的长度加起来少1厘米吗？*当我们讨论各项体育运动的时候，会有许多有趣的数据对比。

各项运动中的速度

77.25千米/时　英式橄榄球　2011年，英国黄蜂俱乐部的乔·辛普森完成了一次速度最快的传球。

100千米/时　标枪　一位优秀男性运动员掷出的标枪能达到这样的速度。

116千米/时　乒乓球　2016年，波兰运动员乌克什·布德涅在一次乒乓球比赛中打出了这个速度。

161.3千米/时　板球　2003年，萧亚·阿赫塔在巴基斯坦队与英格兰队的一场比赛中创造了最快的板球投球纪录。

169.14千米/时　棒球　2010年，美国职业棒球大联盟比赛中辛辛那提红人队的阿罗尔迪斯·查普曼创造了速度最快的棒球投掷纪录。

183千米/时　冰球　2011年，丹尼斯·库利亚什在俄罗斯举办的大陆冰球联赛中创造了速度最快的冰球射门纪录。

183千米/时　足球　1996年，大卫·赫斯特在一场英格兰足球超级联赛中踢出的足球达到了这个速度。

超过240千米/时　射箭　在一次奥运会上，运动员射出的箭以超过240千米/时的速度飞向70米外的箭靶。

这支箭的飞行速度大约是猎豹冲刺速度的2倍。

263千米/时　网球　在2012年的釜山网球公开赛中，山姆·格罗斯发出了速度最快的网球。

一级方程式赛车中完成一圈的平均速度要比这次发球慢0.8千米/时。

332千米/时　羽毛球　2005年，中国运动员傅海峰在苏迪曼杯比赛中完成了这次速度达到332千米/时的扣球。

这个羽毛球的飞行速度大约是奥运会男子短跑冠军尤塞恩·博尔特最快奔跑速度的8.8倍。

349.38千米/时　高尔夫球　2012年，瑞安·温瑟击出的一个高尔夫球达到了这个惊人的速度。

* 各项体育运动新的世界纪录还在不断产生！

精彩体育

来看一些运动员能够达到的高度！

跳水
高度为 **10米** 的跳水台差不多是女子跳高世界纪录的5倍。

撑竿跳高
女子撑竿跳高的世界纪录是 **5.06米**。

篮球
美国职业篮球联赛篮筐的高度是 **3.05米**。

跳高
女子跳高（室外）世界纪录是 **2.09米**。

短跑跨栏
女子100米短跑跨栏的栏高是 **83.8厘米**。

做好准备！

你最喜欢的运动是什么？
来看看不同运动的比赛场地吧！

❶ 足球场（国际比赛标准）
（100—110米）×（64—75米）

❷ 棒球场
99米×99米（扇形场地的两侧直线长度）

❸ 冰球场（国际比赛标准）
61米×30米

❹ 美国职业篮球联赛球场
28.65米×15.24米

❺ 网球场（比赛区域）
23.77米×10.97米

❻ 沙滩排球场
16米×8米

❼ 摔跤场地（国际摔跤联合会标准）
12米×12米（图中黄色区域为直径7米的中心比赛区）

❽ 拳击比赛场（国际拳击联合会标准）
6.1米×6.1米

跳！

人类很擅长跳跃，但是大自然中的其他动物在跳跃方面也拥有很强的竞争力。

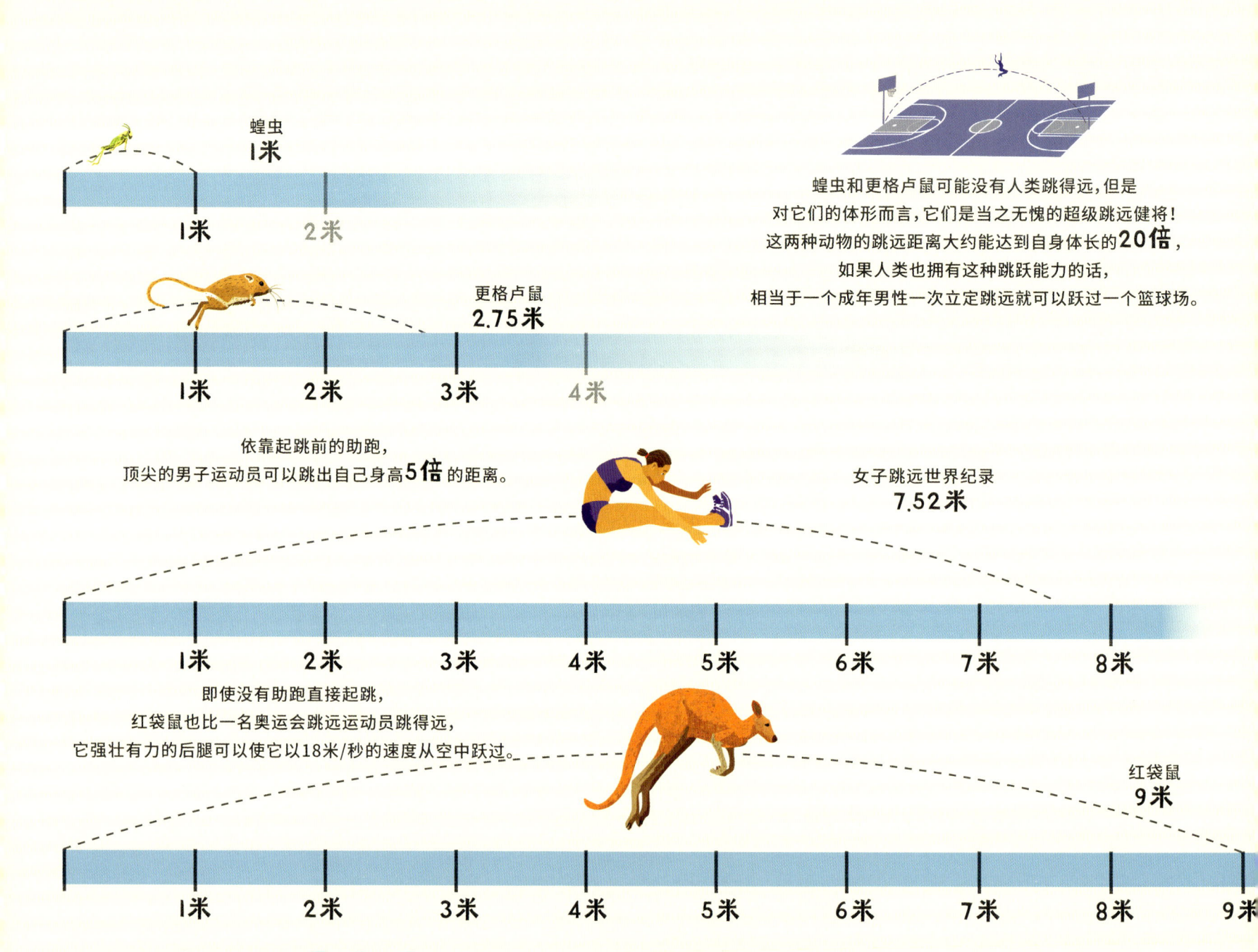

蝗虫
1米

蝗虫和更格卢鼠可能没有人类跳得远，但是对它们的体形而言，它们是当之无愧的超级跳远健将！这两种动物的跳远距离大约能达到自身体长的**20倍**，如果人类也拥有这种跳跃能力的话，相当于一个成年男性一次立定跳远就可以跃过一个篮球场。

更格卢鼠
2.75米

依靠起跳前的助跑，顶尖的男子运动员可以跳出自己身高**5倍**的距离。

女子跳远世界纪录
7.52米

即使没有助跑直接起跳，红袋鼠也比一名奥运会跳远运动员跳得远，它强壮有力的后腿可以使它以18米/秒的速度从空中跃过。

红袋鼠
9米

各就各位，预备，出发！

空中飞跃
有几种能够飞起来的蛙会利用趾间的蹼在林间滑翔，距离可达15米。

超级跳跃
跳蚤大约可以跳到自身体长200倍的距离，其中犬栉首蚤比猫栉首蚤跳得更高。但是这两种跳蚤都比不过一种桡足类的海底动物，这种动物跳跃的时候，每秒钟加速度可以达到自身体长的1000倍。

很远的距离
女子铁饼世界纪录是76.8米，这个距离只比7辆双层大巴排成一排短一点。

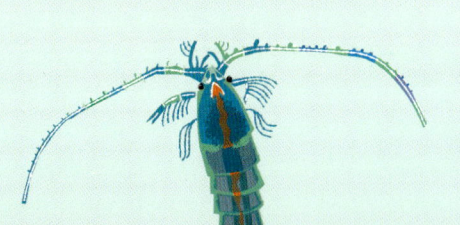

62

一座两层建筑的高度大约是6米。

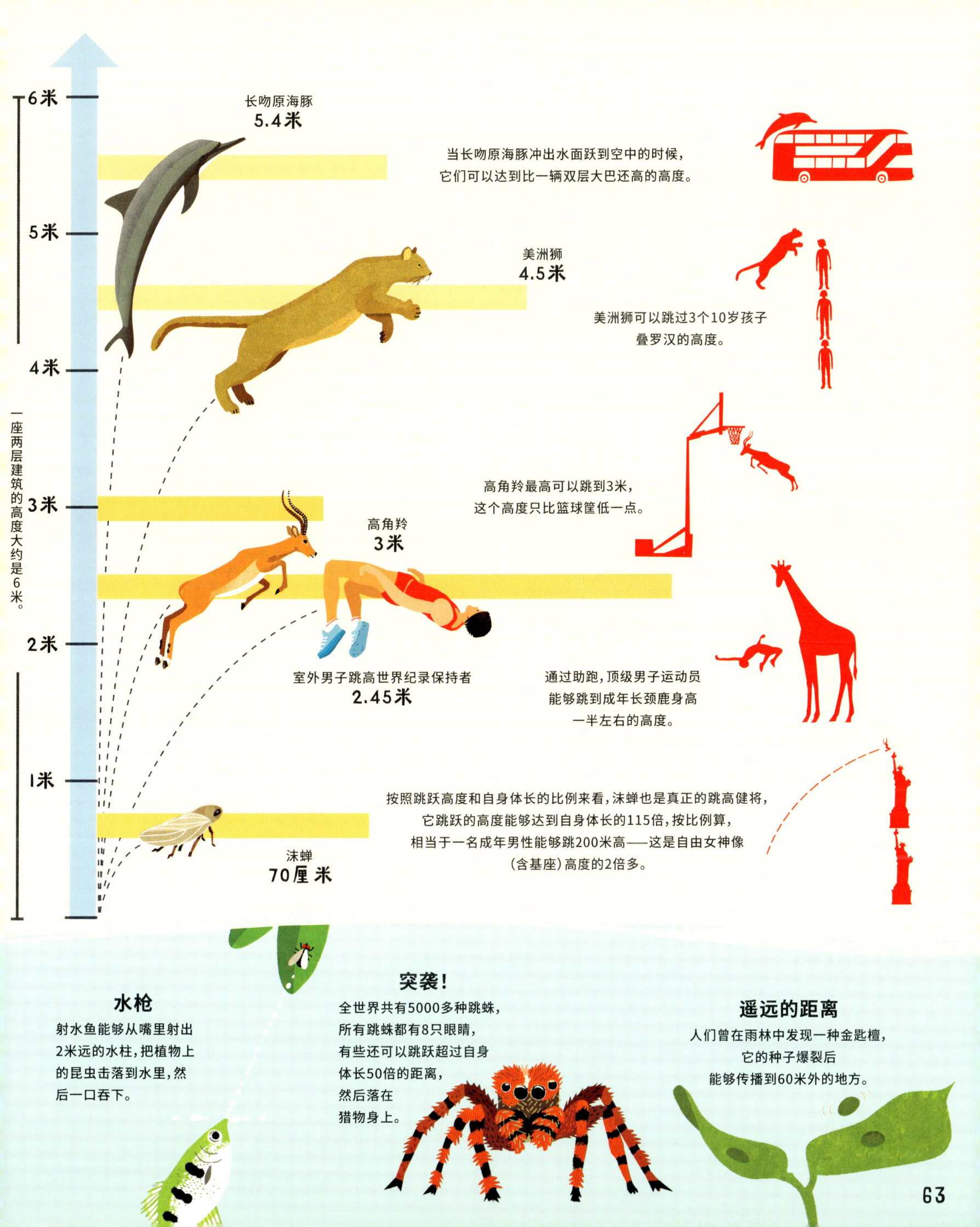

长吻原海豚 5.4米

当长吻原海豚冲出水面跃到空中的时候，它们可以达到比一辆双层大巴还高的高度。

美洲狮 4.5米

美洲狮可以跳过3个10岁孩子叠罗汉的高度。

高角羚 3米

高角羚最高可以跳到3米，这个高度只比篮球筐低一点。

室外男子跳高世界纪录保持者 2.45米

通过助跑，顶级男子运动员能够跳到成年长颈鹿身高一半左右的高度。

沫蝉 70厘米

按照跳跃高度和自身体长的比例来看，沫蝉也是真正的跳高健将，它跳跃的高度能够达到自身体长的115倍，按比例算，相当于一名成年男性能够跳200米高——这是自由女神像（含基座）高度的2倍多。

水枪

射水鱼能够从嘴里射出2米远的水柱，把植物上的昆虫击落到水里，然后一口吞下。

突袭！

全世界共有5000多种跳蛛，所有跳蛛都有8只眼睛，有些还可以跳跃超过自身体长50倍的距离，然后落在猎物身上。

遥远的距离

人们曾在雨林中发现一种金匙檀，它的种子爆裂后能够传播到60米外的地方。

速度竞赛

在一场速度竞赛中,人类可能会比许多动物都要慢。那些速度很快的生物正是依赖这种能力才得以生存,并更好地捕食猎物和逃离天敌。

天空

天空中有很多飞行速度非常快的动物,其中,速度最快的鸟类——游隼在扑向猎物时的速度可以超过一些轻型飞机。

- 家蝇 7.2 千米/时
- 小棕蝠 35.4 千米/时
- 蜻蜓 58 千米/时
- 朱红蜂鸟 98 千米/时

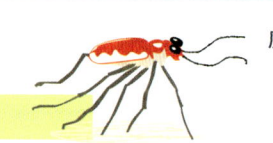

陆地

一些生活在陆地上的动物,要么是短跑高手,要么是马拉松能手。人类和马一样,能以稳定的速度跑很长距离。

- 虎甲 8.9 千米/时
- 非洲象 40.2 千米/时
- 奥运会短跑运动员 44.72 千米/时
- 鸵鸟 69.2 千米/时
- 叉角羚 88.5 千米/时

各就各位,预备,出发!
人类的短距离冲刺速度

水中

计算人类在各项运动中的速度比较容易,但是测量动物的速度很难,尤其是那些生活在水中的动物。

- 奥运会游泳运动员 9.7 千米/时
- 鳟鱼 24 千米/时
- 巴布亚企鹅 35.4 千米/时
- 飞鱼 59 千米/时
- 灰鲭鲨 74 千米/时

速度(单位:千米/时)

10　20　30　40　50　60　70　80

我们可以用千米/时来表示速度快慢，这些数据能体现人类和其他动物以及交通工具在1小时内能够通过的距离。

速度和体长

体形较小的朱红蜂鸟体长（不包括喙）大约只有7厘米，它们每秒钟飞行的距离是自身体长的385倍，这个比例比有些航天飞机返回地球大气层时还要高。

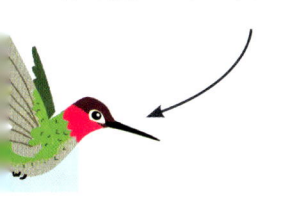

8千米/时
丘鹬是飞行速度最慢的鸟，只比家蝇的速度快一点点。

VS

389.5千米/时
游隼的速度是猎豹的3倍多，它是世界上飞行速度最快的鸟，它捕猎时的俯冲速度也是最快的。

赛鸽 145千米/时

金雕 193千米/时

游隼 389.5千米/时

猫的速度

猫的冲刺速度可达46.7千米/时，以微弱的优势战胜了人类奔跑的最高速度。

0.048千米/时
行动迟缓的蜗牛爬行速度大约是人类平均步行速度的1/100。

VS

112.7千米/时
猎豹大约只需要3秒就能从静止加速到112.7千米/时的速度，这和保时捷或法拉利等超级跑车的加速水平差不多。

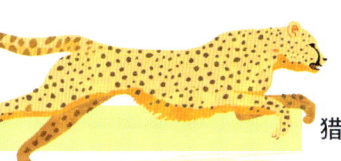

猎豹 112.7千米/时

水密度的影响

水的密度是空气的750倍以上，这意味着在水中打破速度纪录需要付出更大的努力，因此在水中速度最快的往往是最强大、最健壮的动物。

0.0014千米/时
小海马是世界上速度最慢的鱼，它要花2个小时才能游3米！

VS

128.7千米/时
在很长一段时间里，人们都认为旗鱼是世界上速度最快的鱼。后来，人们测量到一条印度枪鱼的游动速度达到了128.7千米/时，这比猎豹的速度还要快16千米/时，是最快的游泳运动员速度的13倍以上。

印度枪鱼 128.7千米/时

100　110　120　130　140　150　160　170　180　190　200

海陆空运载工具

你已经看过了一些地球上速度最快的生物，现在来看看速度最快的运载工具，再比较一下它们在天空、陆地和海洋中能够达到的速度。

天空

- 人力飞机（Musculair 2号）44.26千米/时
- 飞艇（齐柏林LZ N07-100型）115千米/时
- 滑翔机（舍恩普-赫斯公司的Nimbus-4型）306.8千米/时
- 直升飞机（韦斯特兰山猫AH.）400.89千米

陆地

- 坦克（蝎式坦克S2000型）82.23千米/时
- 蒸汽火车（野鸭号）202.5千米/时
- 风力汽车（绿鸟号）202.9千米/时

这辆风力汽车可以在平整的沙滩、盐滩或结冰的湖面上行驶，依靠风力推动碳纤维帆板前进。

海洋

- 帆船（卡蒂萨克号）32.4千米/时
- 游轮（海洋和谐号）46千米/时
- 气垫船（珍妮二世号）137.4千米/时

曾打破纪录的珍妮二世号气垫船是由一台汽车发动机驱动的。

来自墨西哥的滑水运动员费尔南多·雷纳·伊格莱西亚斯在一架直升机牵引下曾达到这个速度。246.2千米/时

速度（单位：千米/时） 50 100 150 200 250 300 350 400 450

太阳神2号太空探测器由强大的火箭发射到太空，速度最快达到了246960千米/时。按照这个速度，它只需要57.5秒就能从洛杉矶到纽约，不到10分钟就能完成环绕地球一圈的旅程！

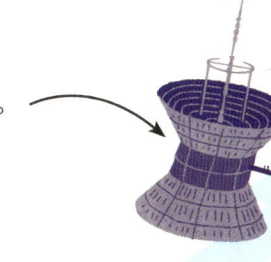

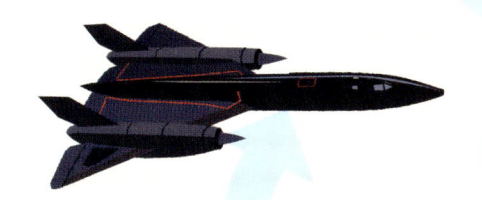

10.9千米/时
莱特兄弟成功造出了第一架比空气重的飞行器——飞行者号，它在1903年的首次飞行中达到了这个速度。

VS

7270千米/时
世界上最快的载人飞机是北美X-15A-2型飞机，它是由火箭发动机推动的，在1967年的飞行中曾达到这个速度。

民用喷气式飞机（塞斯纳奖状X+型）**978千米/时**

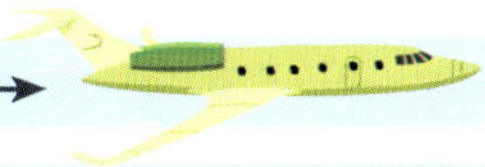

侦察机（黑鸟战略侦察机SR-71A型）**3529.56千米/时**

太空探测器（太阳神2号）**246960千米/时**

高速列车（超导磁悬浮列车SC Maglev L0型）**603千米/时**

20千米/时
平衡车的最高车速

VS

431.07千米/时
布加迪威龙超级跑车是世界上最快的量产汽车。

冲击波号的3台喷气式发动机产生的动力大约是一辆小型汽车的460倍。

卡车（冲击波号）**644千米/时**

喷气式汽车：超音速推进号是世界陆上运载工具的最高速度纪录保持者，它由两台喷气式发动机驱动，只需要16秒就能从静止状态加速到1000千米/时，每秒钟就要消耗18.18升燃料！ **1227.99千米/时**

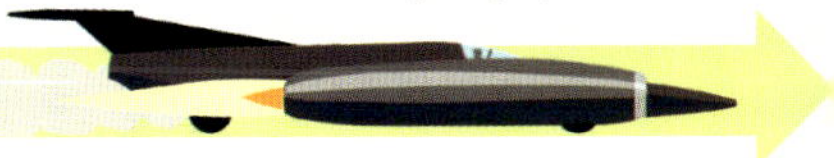

9.3千米/时
脚踏船能达到的最快速度比大多数人慢跑的速度还要慢。

VS

256.2千米/时
2005年，高迪奥·卡佩里尼创造了F1摩托艇的最快速度纪录，这个速度比大多数汽车还要快。

快艇（澳大利亚精神号）**511千米/时**

550　600　650　700　750　800　850　900　950　1000　1050

长长的交通工具

从迷你自行车到巨大的火车和轮船，交通工具的大小差距悬殊，来看看世界上最长的交通工具吧！

一辆普通轿车的长度在 **4.1—4.6米** 之间。

一辆雪佛兰萨博班运动型多用途汽车（SUV）的长度是 **5.7米**。
这辆车的长度和3个人的身高加起来差不多，只比1903年莱特兄弟试飞成功的世界上第一架飞机——飞行者一号（长度约6.4米）短70厘米。

德国一款名为Auto Tram Extra Grand的巴士长度超过 **30米**，最多可以容纳256名乘客。

这辆巴士和一头蓝鲸的体长差不多，大约只比奋进号帆船短2米。
1769年，詹姆斯·库克船长和93名船员曾搭乘这艘帆船抵达大洋洲。

澳大利亚的某列公路列车长度达到 **53.6米**，它是由一辆动力强大的卡车牵引的多列挂车。

这大约是4只大王乌贼头尾相连的长度。

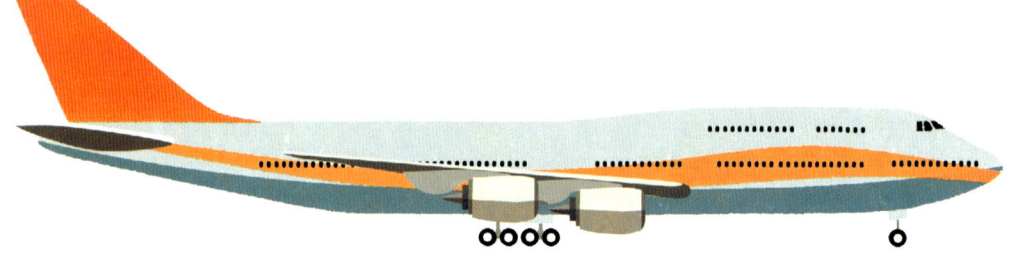

世界上最长的客机是波音747-8，长度是 **76.3米**。

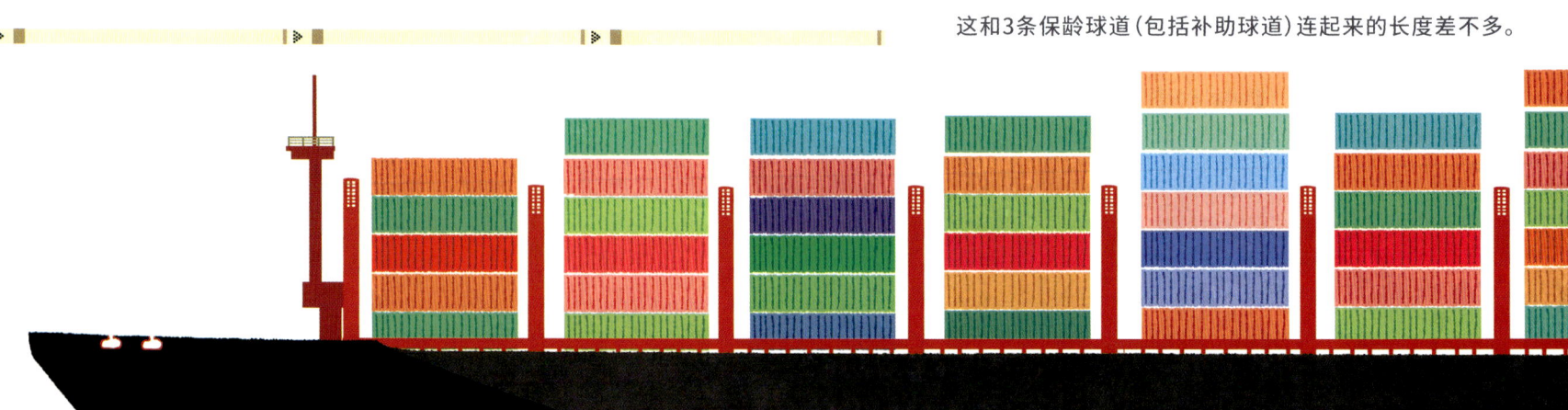

这和3条保龄球道（包括补助球道）连起来的长度差不多。

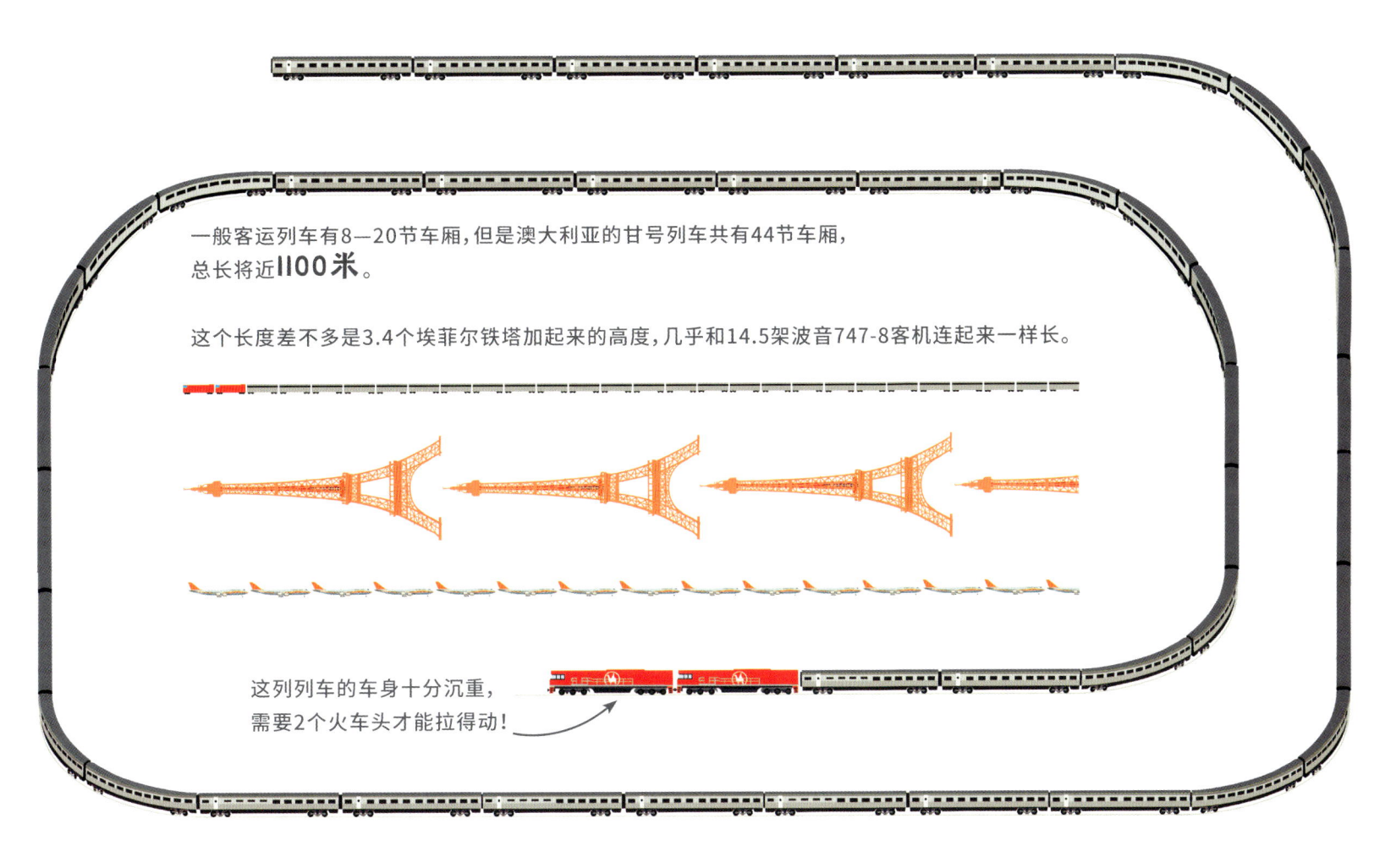

一般客运列车有8—20节车厢，但是澳大利亚的甘号列车共有44节车厢，总长将近**1100米**。

这个长度差不多是3.4个埃菲尔铁塔加起来的高度，几乎和14.5架波音747-8客机连起来一样长。

这列列车的车身十分沉重，需要2个火车头才能拉得动！

巴尔赞号是一艘极长的集装箱船，长度达到**400米**，和4个足球场的长度加起来差不多。

巴尔赞号最宽的地方有58.6米，你可以把比萨斜塔横着放进去！不过，驾驶这样一艘巨轮只需要35名船员就够了。

69

太空竞速

来看6种飞出地球去探索太空的运载工具吧，它们也是最重要、最令人惊叹的机器。

国际空间站（ISS）

这个巨大的国际空间站是在超过100次任务中组装起来的，而且还在不断增加新的设备。它一般能够容纳6位宇航员，人们已经在这里进行了数千项科学实验。

国际空间站长**109米**，宽**73米**（装配完成后宽度可达88米）。

它和一个足球场差不多大。

尽管国际空间站在太空中基本处于失重状态，但它实际上重达**419725千克**（随设备增减会有所变化）。

×15

这大约是15头座头鲸的重量。

国际空间站能够以超过**28000千米/时**的速度绕地球运行。

×8

它的运行速度大约是世界上最快的喷气式飞机——黑鸟战略侦察机SR-71A型的8倍。

阿波罗11号宇宙飞船登月舱

1969年，阿波罗11号成功抵达月球表面，成为首个载人登陆月球的宇宙飞船。

飞船的登月舱载有2名宇航员和燃料，重量约为**15100千克**。

这个重量已经超过了2头霸王龙加上3头成年老虎的体重。

登月舱支撑腿跨度约**9.4米**，高度约**7米**。

这和2头非洲象加在一起的高度差不多。

奋进号航天飞机

它是美国国家航空航天局历史上5架航天飞机（不包括测试机）之一，自1992年起共执行了25次太空飞行任务，直到2011年退役。

奋进号航天飞机重约 **78000千克**。

x14 这和14头非洲象加起来的体重差不多。

它的长度是 **36.6米**。

这和一架空中客车A320客机的长度差不多。

土星5号运载火箭

1967—1973年，这个巨大的运载火箭曾多次将阿波罗号宇宙飞船送到月球。

土星5号高达 **110.6米**，几乎是比萨斜塔高度的2倍。

装满燃料后，土星5号运载火箭的起飞重量可以达到 **3038500千克**。

x110 这大约是110头座头鲸的体重。

斯普特尼克1号

1957年，首颗人造地球卫星发射升空，以大约 **29000千米/时** 的速度脱离地球引力，在太空中环绕地球飞行共3个月。

在地球上，这颗卫星重 **83.6千克**，和一只体形较大的红袋鼠体重差不多。

这颗卫星是一个直径 **58厘米** 的金属球。

它的直径大约是沙滩排球的3倍。

好奇号火星车

2012年，好奇号火星车成功登陆火星表面，开始探索这颗红色的星球。它一共有6个轮子。

好奇号在火星上的最快速度只有 **0.14千米/时**，移动非常缓慢，和树懒的平均速度差不多。

好奇号火星车重量为 **899千克**。

这和3头成年老虎的体重加起来差不多。

好奇号火星车长约 **3米**，宽约 **2.8米**。

它和一辆小型汽车差不多大。

71

巨大的机器

就体形而言，人类是相当强壮的，但也足够聪明，能够制造出强大的机器来完成提拉、推动重物和挖掘等工作。下面是人们造出的一些巨大机器。

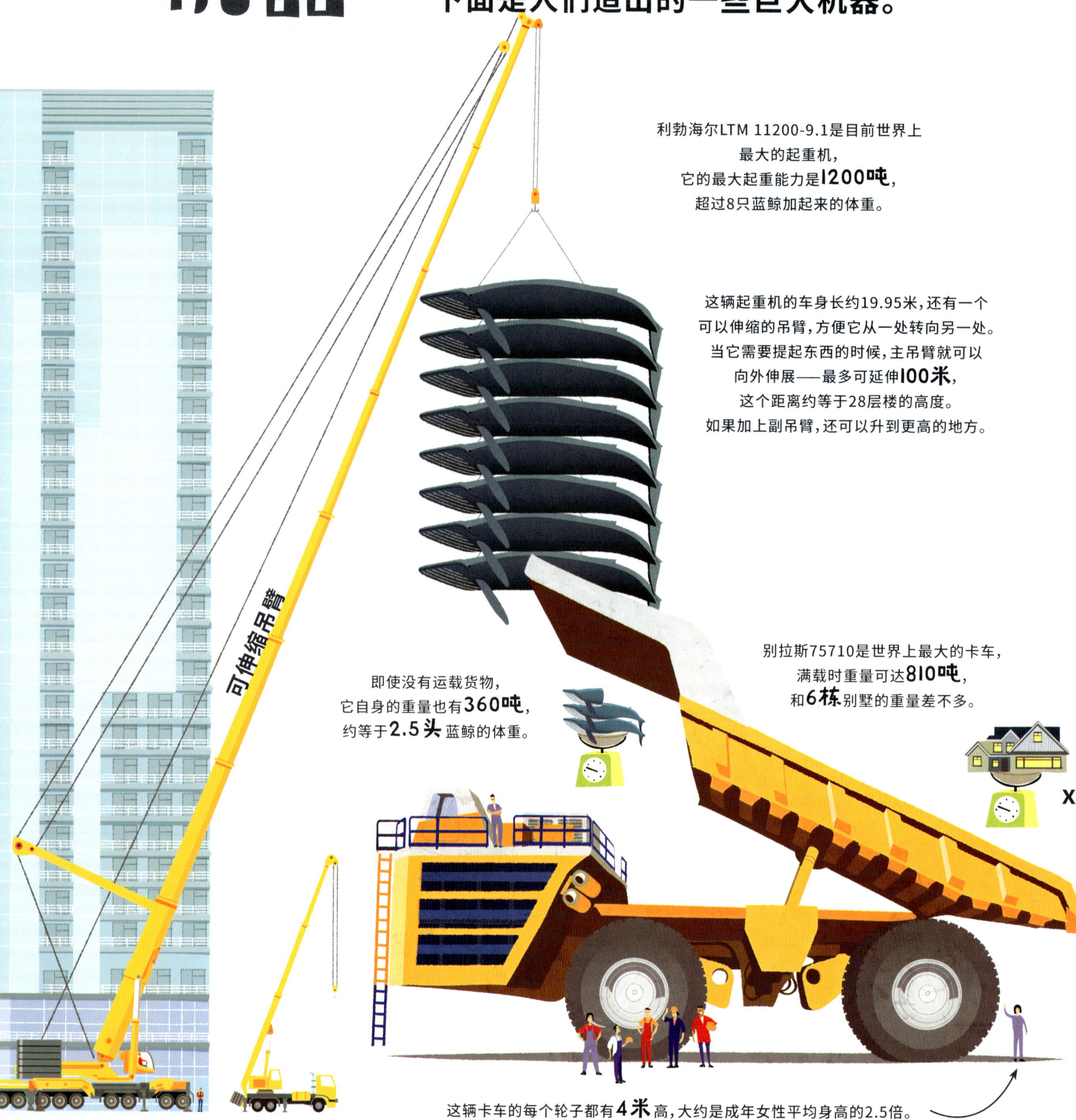

利勃海尔LTM 11200-9.1是目前世界上最大的起重机，它的最大起重能力是**1200吨**，超过8只蓝鲸加起来的体重。

这辆起重机的车身长约19.95米，还有一个可以伸缩的吊臂，方便它从一处转向另一处。当它需要提起东西的时候，主吊臂就可以向外伸展——最多可延伸**100米**，这个距离约等于28层楼的高度。如果加上副吊臂，还可以升到更高的地方。

可伸缩吊臂

即使没有运载货物，它自身的重量也有**360吨**，约等于**2.5头**蓝鲸的体重。

别拉斯75710是世界上最大的卡车，满载时重量可达**810吨**，和**6栋**别墅的重量差不多。

这辆卡车的每个轮子都有**4米**高，大约是成年女性平均身高的2.5倍。

伯莎是世界上最大的隧道掘进机,它巨大的刀头可以切开岩石和土壤,挖掘隧道和管道。伯莎的发动机动力强劲,功率可达18387**千瓦**,比16辆大型卡车加起来的动力都要强。

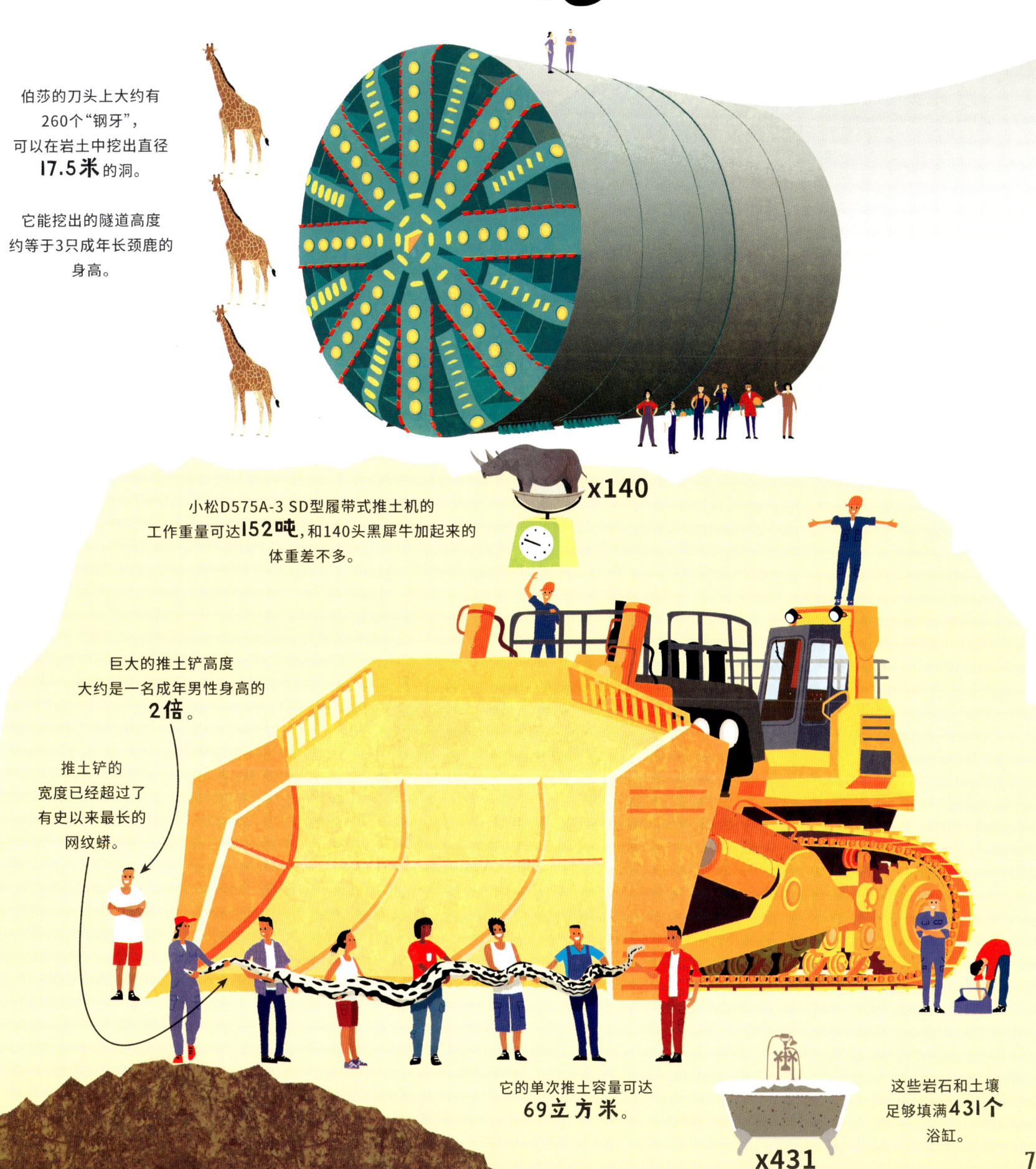

x16

伯莎的刀头上大约有260个"钢牙",可以在岩土中挖出直径**17.5米**的洞。

它能挖出的隧道高度约等于3只成年长颈鹿的身高。

x140

小松D575A-3 SD型履带式推土机的工作重量可达**152吨**,和140头黑犀牛加起来的体重差不多。

巨大的推土铲高度大约是一名成年男性身高的**2倍**。

推土铲的宽度已经超过了有史以来最长的网纹蟒。

它的单次推土容量可达**69立方米**。

x431

这些岩石和土壤足够填满**431个**浴缸。

放大镜和磁铁

并非所有巨大的机器都需要外界提供强大的动力才能运转。下面是两台神奇的设备，它们能够利用电子显微镜和磁铁完成不可思议的任务。

甚大望远镜(VLT)位于智利阿塔卡马沙漠高处的一个天文台，它可以收集光线，用巨大的镜片来聚焦并放大从太空获得的图像。

甚大望远镜位于海拔约**2632米**的地方，这个高度是世界上最高的建筑——哈利法塔的**3倍多**。

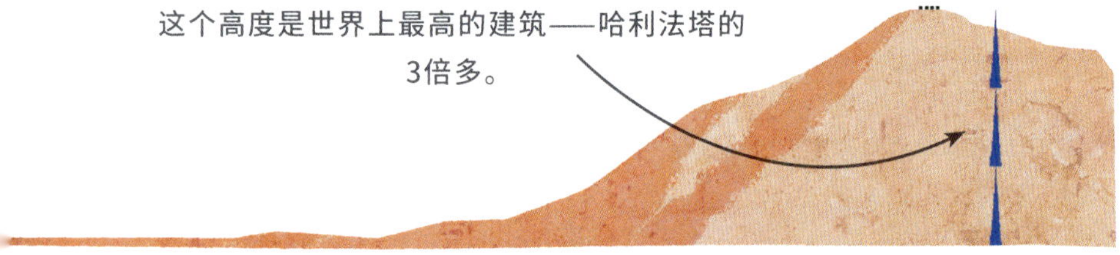

甚大望远镜实际上是由4台望远镜组成的，

每台望远镜加上机架就重达**470吨**。

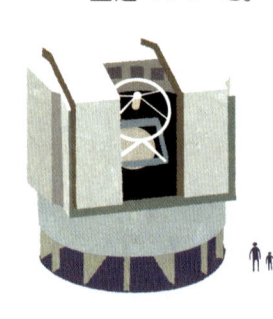

这和一架满载的波音747-8大型客机重量差不多。

每台望远镜的主镜重量为**22吨**。

主镜的直径约等于2辆双层大巴加起来的高度。

主镜的直径为**8.2米**。

这个长度和5名成年女性的身高加起来差不多。

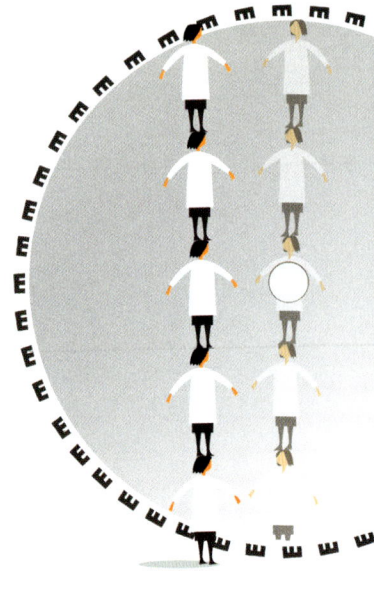

当这4台望远镜同时工作的时候，甚大望远镜的聚光能力是非常惊人的。

它能观测到极暗的宇宙光线，这种暗光要变亮**40亿倍**才能被人体肉眼看见。

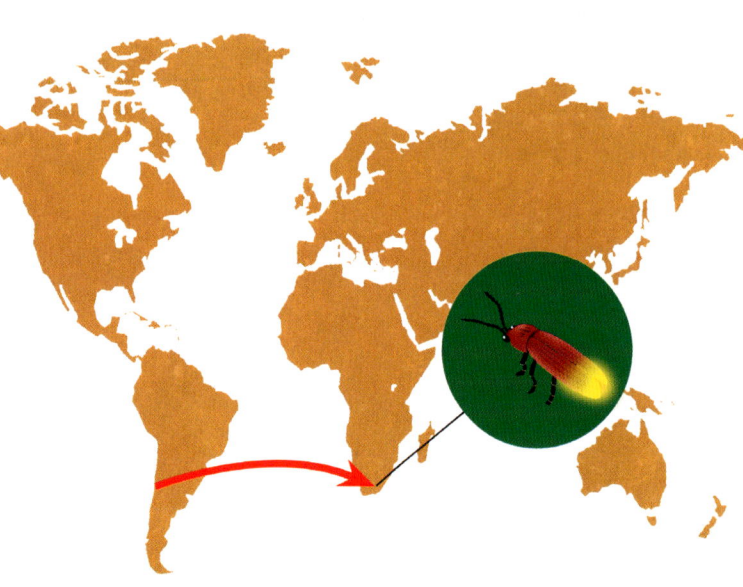

这就好比它可以发现**10000千米**外一只体长1厘米的萤火虫，相当于你可以用这架位于智利的望远镜看到南非约翰内斯堡的一只萤火虫。

大型强子对撞机位于一条巨型地下隧道里，横跨瑞士和法国的边境。它是世界上最大的粒子加速器，但同时也拥有一些世界上最小的东西！大型强子对撞机利用数千个磁体，推动两束粒子流（这种微小的粒子叫作质子）分别通过不同的光束管，向相反方向加速传播后发生碰撞。人们可以使用科学仪器观察在这些碰撞过程中发生了什么，科学家利用这些信息能够进一步了解和探索关于时间和空间的奥秘。

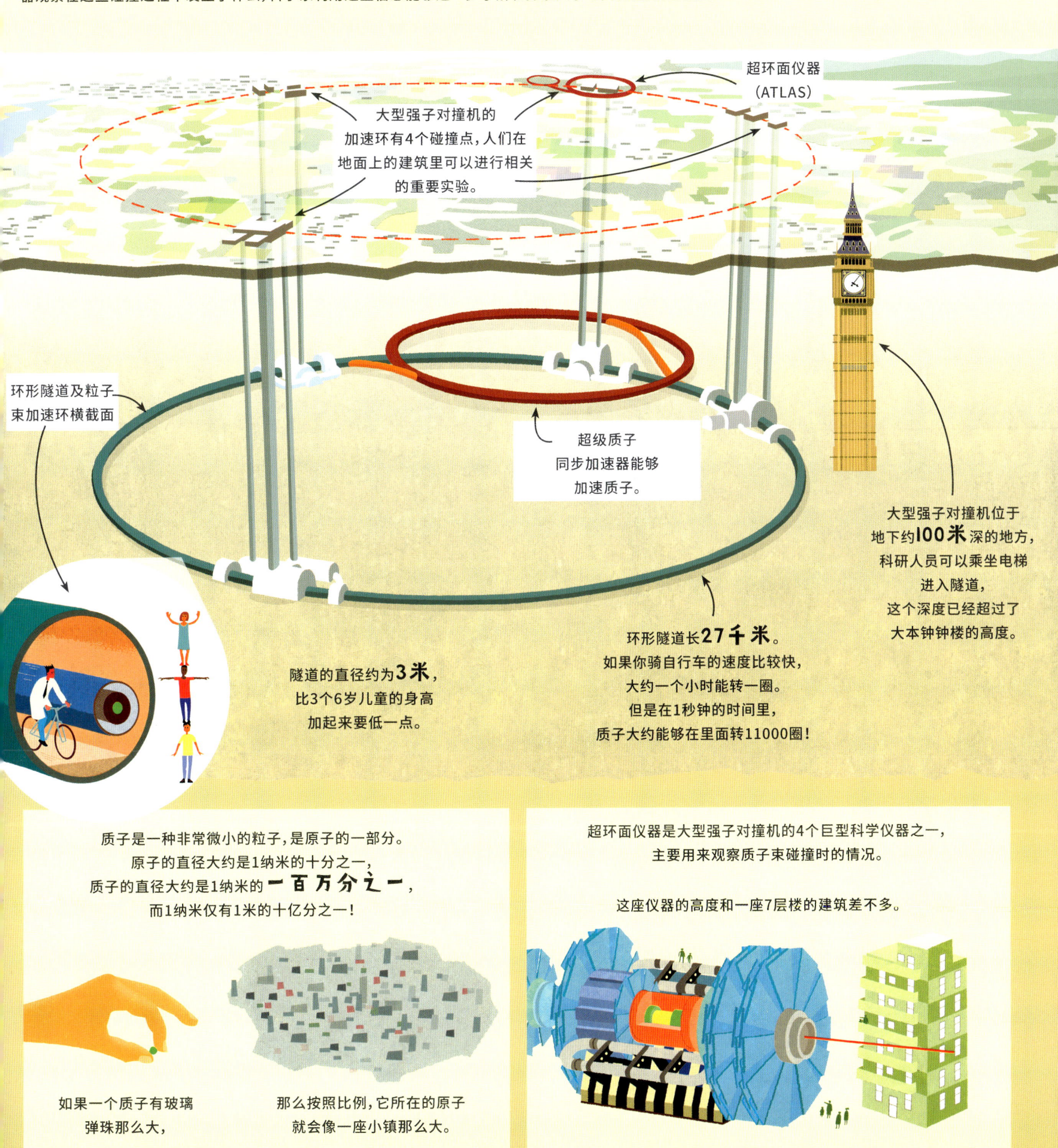

超环面仪器（ATLAS）

大型强子对撞机的加速环有4个碰撞点，人们在地面上的建筑里可以进行相关的重要实验。

环形隧道及粒子束加速环横截面

超级质子同步加速器能够加速质子。

大型强子对撞机位于地下约**100米**深的地方，科研人员可以乘坐电梯进入隧道，这个深度已经超过了大本钟钟楼的高度。

隧道的直径约为**3米**，比3个6岁儿童的身高加起来要低一点。

环形隧道长**27千米**。如果你骑自行车的速度比较快，大约一个小时能转一圈。但是在1秒钟的时间里，质子大约能够在里面转11000圈！

质子是一种非常微小的粒子，是原子的一部分。原子的直径大约是1纳米的十分之一，质子的直径大约是1纳米的**一百万分之一**，而1纳米仅有1米的十亿分之一！

如果一个质子有玻璃弹珠那么大，

那么按照比例，它所在的原子就会像一座小镇那么大。

超环面仪器是大型强子对撞机的4个巨型科学仪器之一，主要用来观察质子束碰撞时的情况。

这座仪器的高度和一座7层楼的建筑差不多。

最强壮的动物

你也许可以举起一些相当重的东西,比如一袋4千克重的土豆,或是一块很重的木板。但是与自然界中的"大力士"相比,人类的力量其实是很渺小的。

人类
这名成年男性的体重是80千克。

他能够举起重量是自己体重1.25倍的东西。

= 100千克

根据大多数航空公司的行李限额,100千克是5个装满的行李箱的重量。大部分人都只能举起和自己体重一样或更轻的物体,只有很少的人能举起超过自己体重的物体。

冠鹰雕
这种强壮的鸟类以猴子和其他小型哺乳动物为食,它们可以抓起自身体重**4倍**的猎物。

按照比例算,相当于一名成年男性可以举起8只鸸鹋。

大猩猩
它们强有力的四肢和胸部能够使它们举起自身体重**10倍**的东西。

按照比例算,相当于一名成年男性可以同时举起一辆F1赛车和8只轮胎。

切叶蚁
这些蚂蚁会切掉叶片并将其搬运到蚁穴里,它们会把树叶做成堆肥来种植食物。它们可以举起自身体重**50倍**的物体。

按照比例算,相当于一名成年男性可以同时举起一头成年犀牛和一辆大型家用汽车。

感受它们的力量

强大的咬合力
当湾鳄咬东西的时候,它施加的力最高可达16460牛顿,这大约是狮子或老虎咬合力的3.5倍。

握力
椰子蟹有极强的握力,最高可达3000牛顿,大约是人类的10倍。

陷阱窃贼
貂熊和一只中等体形的狗差不多大,但是它能咬开猎人布置的金属捕兽夹,然后拖走已经被捕获的猎物。

犀金龟
这是一种头上有犄角的大型甲虫，它们可以举起自身体重100倍的物体。

按照比例算，相当于一名成年男性可以同时举起一头大型非洲象和一头中等大小的白犀牛。

甲螨
体形偏小的甲螨只有0.2毫米长，重量仅0.1毫克，但是它们能拉动自身体重530倍的物体，这一点令人非常惊讶。

按照比例算，相当于一名成年男性可以拉动5头霸王龙。

最强壮的角蜣螂
角蜣螂能够拉动自身体重1141倍的物体。

按照比例算，相当于一名成年男性可以拉动91280千克的物体，这和一架波音757-200型客机的重量差不多。

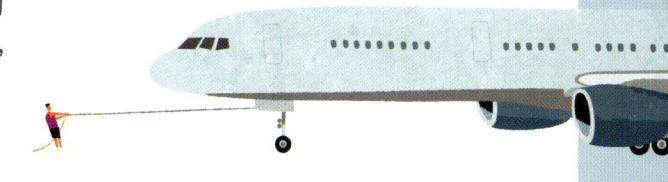

大象
体形最大的动物不一定是力量最强的。

大象可以用有力的鼻子举起重约**300千克**的物体。

但是这大约只有它们自身体重的20%，如果人类也只能举起自身体重20%的物体，

那么需要2名成年男性才能举起一只腊肠犬！

俯卧撑能手
生活在加拉帕戈斯群岛的雄性熔岩蜥蜴会做俯卧撑来展示自己的力量，同时警告其他雄性远离自己的领地。

柔软而强大
隐居褐蛛能吐出由许多小环组成的蛛丝，这些小环可以使蛛丝的强度达到钢材的5倍。

缠绕
水蚺可以用长长的身体缠绕并勒紧猎物，从而使鹿或牛等窒息而死。

77

致命的动物

一些有毒的生物会把毒素注入受害者体内实施攻击，如果不慎接触或吃掉有毒的动物也会带来危险。还有一些危险的动物会咬你、勒你，或者让你感染致命的疾病。真糟糕！

箱水母

这种水母的每根触须上都覆盖着装满毒液的"毒刺"。

它的一根触须能够长到4.6米，和一辆大型轿车的长度差不多。

箱水母仅用一根3米长的触须就能缠住一个人，并用"毒刺"刺伤他，足以致命。

蓝环章鱼

体长约20厘米。

一只成年蓝环章鱼携带的毒素足以在几分钟内毒死26个人。

眼镜王蛇

最长的眼镜王蛇体长约5.5米，和一辆皮卡车的长度差不多。

500毫克的眼镜王蛇毒液足以杀死1头大象或20个人。

金色箭毒蛙

最大的金色箭毒蛙体长大约只有5.5厘米，和你的小拇指长度差不多。

它们的皮肤上布满了有毒的汗液。

足够毒死10个人。

细鳞太攀蛇

这种蛇咬一口猎物产生的毒液，足以杀死100个人。

这些人几乎能坐满一架空中客车A318客机。

强大的毒素和有毒的触须

狩猎者
吉拉毒蜥在咬猎物的时候，下颚的腺体会分泌毒液，这种毒液能渗入猎物的伤口，使其麻痹。

敏捷的猎手
黑曼巴蛇的移动速度可以达到20千米/时，是世界上爬行速度最快的毒蛇，它的咬伤可以在短短30分钟内毒死一个人。

简直是抢劫！
僧帽水母有毒的触手可以麻痹鱼类，而水孔蛸（俗称毯子章鱼）会扯下僧帽水母的触手作为自己的致命武器。

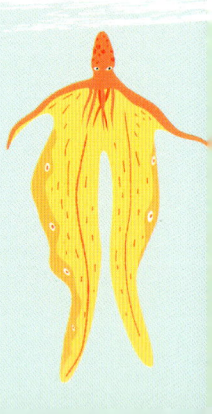

动物的攻击

来看看世界上那些最致命的动物，以及它们每年造成人类死亡的大致人数（DPY），你会发现有些事情可能和你想象的并不一样！

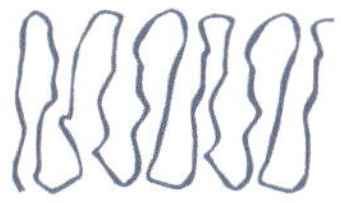

绦虫 2000 DPY
有些种类的绦虫可以从肠道钻出来，移动到人体的其他器官，有时会导致人的死亡。

舌蝇 10000 DPY
舌蝇叮咬会传播"昏睡病"，有可能导致人死亡。

蛔虫 2500 DPY
大部分蛔虫寄生在人体肠道内，可能会造成致命的梗阻，尤其是当它们在肺部的时候。

蚊子 725000 DPY
有些种类的雌性蚊子会通过寄生虫向人类传播疟疾。这种寄生虫首先会感染肝脏，然后进入血液循环系统，还可能移动到人体的其他器官，造成器官衰竭。

蛇 50000 DPY
并非只有体形较大的动物才会对人类产生威胁。在亚洲，最常见的致人死亡的毒蛇是锯鳞蝰，它的体长可能仅有30厘米。

大象 100 DPY

鳄鱼 1000 DPY

狗 25000 DPY
人类与被狂犬病病毒感染的狗接触之后有可能被传染，造成死亡。

河马 500 DPY

狮子 100 DPY

狼 10 DPY

鲨鱼 10 DPY

体表的毒素
来自巴布亚新几内亚的黑头林鵙鹟会吃掉有毒的甲虫，却并不会因此死亡，相反这些毒素会转移到它们的体表，麻痹任何来捕食它们的生物。

致命的蜂猴
蜂猴有一个致命的秘密！它的手臂上有一处可以分泌有毒液体的地方，蜂猴平时会舔这里，将这些毒液和唾液混合起来，当它再用舌头梳理皮毛的时候，毒素就会沉积下来。这样，其他动物咬它时就会中毒并感到疼痛。

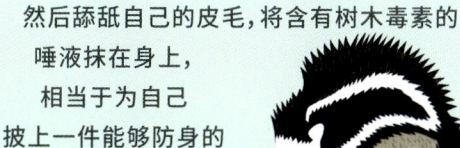

鼠毒
非洲冠鼠会咀嚼箭毒木的树皮，然后舔舐自己的皮毛，将含有树木毒素的唾液抹在身上，相当于为自己披上一件能够防身的"毒外套"。

敏锐的感官

人类的感官包括视觉、听觉、嗅觉、味觉和触觉，不过，有些动物的感官可以轻易胜过人类。

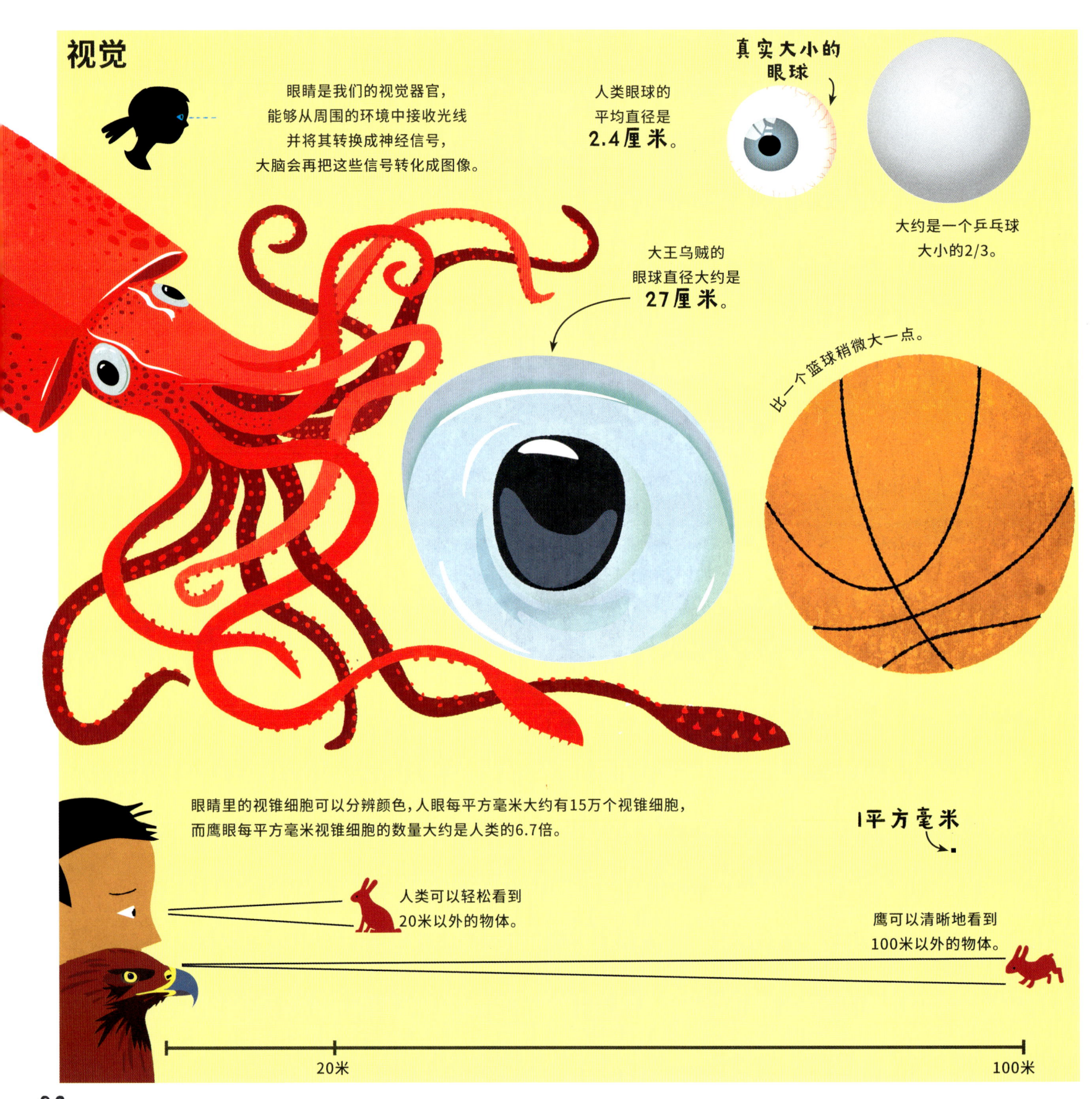

视觉

眼睛是我们的视觉器官，能够从周围的环境中接收光线并将其转换成神经信号，大脑会再把这些信号转化成图像。

人类眼球的平均直径是 **2.4厘米**。

真实大小的眼球

大约是一个乒乓球大小的2/3。

大王乌贼的眼球直径大约是 **27厘米**。

比一个篮球稍微大一点。

眼睛里的视锥细胞可以分辨颜色，人眼每平方毫米大约有15万个视锥细胞，而鹰眼每平方毫米视锥细胞的数量大约是人类的6.7倍。

1平方毫米

人类可以轻松看到20米以外的物体。

鹰可以清晰地看到100米以外的物体。

20米　　　　　　　　　　　100米

80

听觉

我们的耳朵能够接收在空气中传播的声波，声波频率的单位是赫兹(Hz)。

赫兹越低，音调越低。 → 赫兹越高，音调越高。

0赫兹　　100赫兹　　1000赫兹　　10000赫兹　　100000赫兹

人类的听力范围 20—20000赫兹
人类的耳朵可以听到低至20赫兹的声音，也可以听到高达20000赫兹的声音。

猫的听力范围 45—64000赫兹
猫的耳朵几乎可以转动180度，能够听到的最高声音频率大约是人类的3倍。

大象的听力范围 16—20000赫兹
大象可以发出和听到频率小于20赫兹的次声波，这个频率略低于人类的听力范围。

嗅觉

你的鼻腔上部有数百万个嗅觉感受器，曾有科学家提出，人类的嗅细胞理论上可以识别多达1万亿种不同的气味。

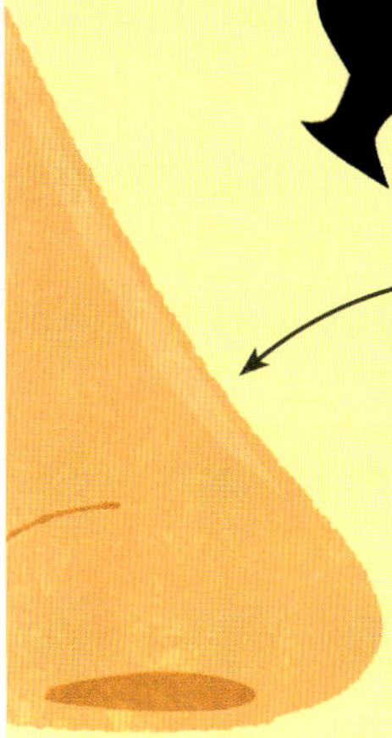

人类的鼻子里有 **500万—600万个** 嗅觉感受器。

VS

一只猎犬的鼻子里有 **2.2亿—3亿个** 嗅觉感受器，它的嗅觉至少要比人类强1000倍。

一只猎犬可以追踪一个气味线索长达**135千米**，甚至可以穿过含有许多其他气味的拥挤场所而不受干扰。

味觉

味蕾是舌头上的感受器官，可以告诉你某种东西好不好吃。

人类的舌头上一般有 **2000—8000个** 味蕾。

VS

鲶鱼身上的味蕾可能高达 **250000个**！

它可以利用味蕾在黑暗浑浊的水中寻找猎物。

触觉

在你的皮肤上，每平方厘米就有大约200个触觉感受器，这些微小的触觉器官可以感受到压力、疼痛和冷热。星鼻鼹仅在它的鼻子上每平方厘米就有大约27174个触觉感受器。

生存能力

大多数人都很容易获得食物、水和住所，但是有些生物不得不在最极端的条件下生存，来看看其中一些生物吧！

一点也不渴

更格卢鼠是一种一生可以滴水不进的哺乳动物，这种生活在沙漠里的小动物仅仅依靠它吃下的植物中的水分就能够存活。

无惧洪水

当洪水威胁到一群火蚁时，它们会快速地把腿连起来，形成一个密集排列的"救生筏"，成千上万只火蚁聚在一起，可以漂浮在水面上并存活几个星期。

最抗辐射

一种叫作耐辐射奇球菌的细菌可以在遭受极端辐射后修复自己的DNA。它的直径只有0.001—0.002毫米，但是可以承受超过成年人1000倍的辐射。

水熊虫

缓步动物俗称水熊虫，这是一种生活在水中的动物，适应能力强到令人不可思议。无论你把什么难题扔向这些最长只有1.5毫米的小生物，它们似乎都能够解决。

寒冷
它们可以在温度低于 – 200℃的环境中生存，这比家用冷柜还要冷10倍。

炎热
人们已经发现水熊虫可以在151℃的温度下生存，这大约是水的沸点的1.5倍。

干燥
在干燥的环境里，水熊虫可以变成一个极小的外壳，没有水也能够存活超过10年，而人类在没有水的情况下几乎坚持不过1周——千万不要尝试！当再次遇到水的时候，比如下雨，水熊虫就会恢复原状。

太空
2007年，一些水熊虫曾被带到没有空气可以呼吸的太空，并在那里待了10天，其中很多都活了下来！

压力
研究人员认为，水熊虫能够承受的压力是海洋最深处的6倍。

人类的奇迹

奇迹般的降落
1944年，轰炸机机尾炮手尼古拉斯·艾尔克梅德从燃烧的兰开斯特轰炸机上跳下来，他没有带降落伞，但他宁愿摔死也不愿意被烧死。他下落了5500米，这大约是17座埃菲尔铁塔的高度，最后落在仅45厘米厚的积雪中却得以幸存，甚至都没有骨折，这主要是因为他在落地前撞上树枝而减慢了速度。

冬眠的人类
日本人打越三敬曾从日本六甲山上跌落导致骨盆骨折，他在没有食物的条件下在山里度过了至少22天。被发现的时候，他几乎没有脉搏，体温只有22℃（人体正常温度在36.5℃左右）。科学家认为他的身体通过暂停运转来自我保护，就像动物的冬眠一样。后来他完全康复了。

82

终于有吃的了！

角马、鼩鼱，还有人类，都喜欢每天吃东西，不过有些生物即使长时间不进食也能生存下去。

鼩鼱
很多种类的鼩鼱如果不进食的话，只能存活**几个小时**。

人类
人类如果不进食的话，通常可以存活35—40天。但是如果不喝水的话，情况就大不一样，一般人只能坚持**3—5天**。

帝企鹅
当雌性配偶潜入海里觅食的时候，雄性帝企鹅就会留在南极的冰面上照看它们的蛋，它们最多可以**120天**不进食。不过在这段时间内，它们的体重大约会减少40%。

臭虫
常见的臭虫以吸食人血为生，但它们在不进食的情况下仍然能存活**60—90天**。

骆驼
骆驼的驼峰里并不是水，而是多达40千克的脂肪，这些脂肪可以帮助骆驼在没有食物的情况下存活很长时间——有可能达到**60天**。随着脂肪被消耗，驼峰会收缩并下垂。

座头鲸
这种巨大的鲸每天大约要吃掉1360千克的磷虾、小鱼和其他各种小动物。它们大约会在冰冷的海水中捕食120天，然后迁徙到较温暖的海域繁殖，在那里它们可以在长达**120—180天**的时间里不吃东西。

北极熊
一只怀孕的北极熊在分娩后可以在**120—240天**里不进食，还能在雪窝中养育幼崽，其间它会依靠自己的脂肪储备来生存。

非洲岩蟒
许多种类的蛇可以数月不进食，如果非洲岩蟒的最后一餐足够丰盛的话，它甚至可以**超过一年**不吃东西。这种蛇体形很大，一般体长为3—5米，它们可以整个吞下鬣狗、猴子甚至小型鳄鱼。

洞螈
这种奇怪的生物主要生活在东欧黑暗的洞穴中，一般体长约30厘米，和一把尺子差不多，它可以在没有食物的情况下生存**10年**。

原鳍鱼
在干旱时期，原鳍鱼会钻进干涸的湖底，进入类似冬眠的状态，不需要食物和水，时间长达**5年**。只有当湖水恢复后，它才会苏醒过来。

鳄鱼
鳄鱼可以在没有食物的情况下放慢身体的运转并生存好几个月，这一点和蛇以及其他许多冷血动物一样。有人曾观察到个别鳄鱼在没有进食的情况下，竟然能坚持**2年**之久。

山中历险
1992年冬天，澳大利亚登山者詹姆斯·斯科特在攀登喜马拉雅山时迷路，最终靠自己坚持了43天后获救。其中大部分时间他都躲在岩石下，仅依靠雪水、两根巧克力棒和一只他发现的毛毛虫活了下来！

白鲸救美
2009年，中国女性潜水员杨云在参加一次比赛时，因为水族馆池内的水非常寒冷发生腿部抽筋，无法游到水面上。这时，白鲸"米拉"用嘴含住她的腿，帮助这位失去活动能力的潜水员脱离险境。

生育与成长

生物会按照不同的方式和速度出生并成长，直到成年。

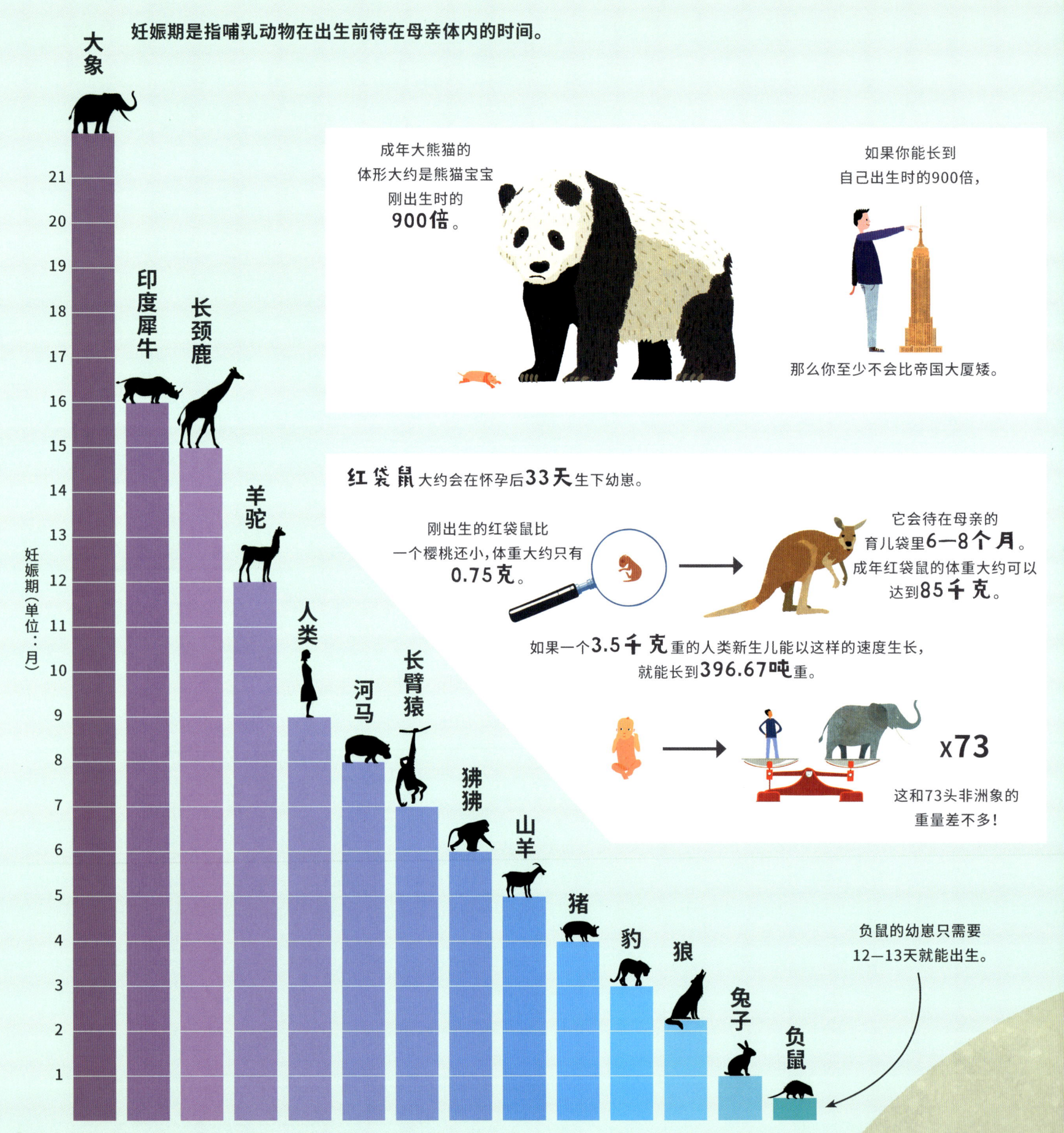

妊娠期是指哺乳动物在出生前待在母亲体内的时间。

妊娠期（单位：月）

- 大象：22
- 印度犀牛：16
- 长颈鹿：15
- 羊驼：12
- 人类：9
- 河马：8
- 长臂猿：7
- 狒狒：6
- 山羊：5
- 猪：4
- 豹：3
- 狼：2
- 兔子：1+
- 负鼠：<1

成年大熊猫的体形大约是熊猫宝宝刚出生时的 **900倍**。

如果你能长到自己出生时的900倍，那么你至少不会比帝国大厦矮。

红袋鼠 大约会在怀孕后 **33天** 生下幼崽。

刚出生的红袋鼠比一个樱桃还小，体重大约只有 **0.75克**。

它会待在母亲的育儿袋里 **6—8个月**。成年红袋鼠的体重大约可以达到 **85千克**。

如果一个 **3.5千克** 重的人类新生儿能以这样的速度生长，就能长到 **396.67吨** 重。

x73

这和73头非洲象的重量差不多！

负鼠的幼崽只需要12—13天就能出生。

84

量一量动物的蛋
很多动物都是从蛋里孵化出来的，但是不同动物的蛋大小差别很大，来看看吧！

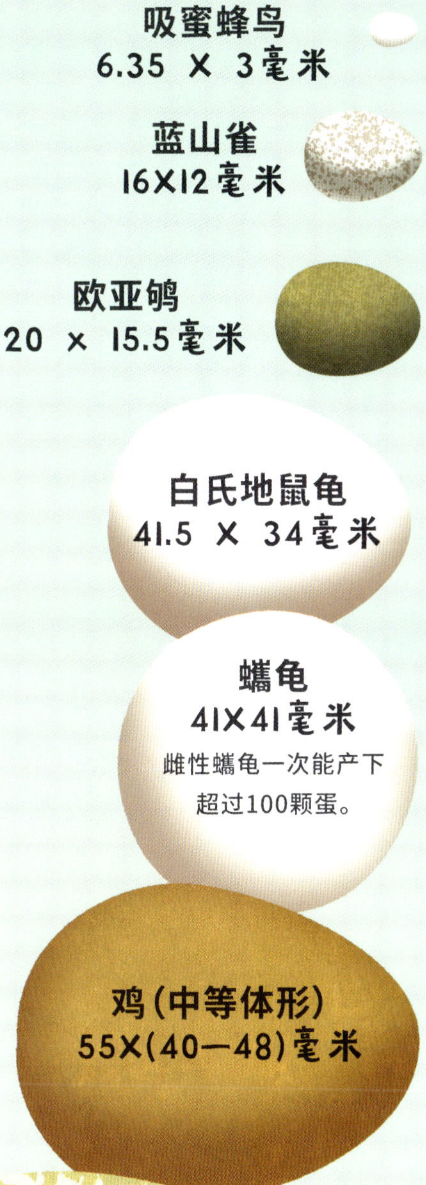

婴儿体重达到出生时的2倍大约需要 **180天**。

小马的体重达到出生时的2倍大约需要 **60天**，这个速度是婴儿的3倍！

一只普通的小海豹体重达到出生时的2倍大约需要 **28天**。

兔子的体重达到出生时的2倍只需要 **6天**！

如果一个重 **3.5千克** 的婴儿体重增长的速度和兔子一样快，那么大约在 **3个月12天** 后，他的体重将比3只蓝鲸还要重！

自然界里也有生长速度非常快的植物。**巨藻** 是最长的一种海藻，一般可以长到 **50米** 左右，这是 **足球场** 长度的一半。

巨藻能够以每天 **60厘米** 左右的速度生长。

如果你也能按照这个速度成长，那么 **6.5个月** 后你就会比世界上最高的树 **还要高**。

在已知的生物中，人类的幼年期占整个生命周期的比例几乎是最高的（除了格陵兰睡鲨），直到 **18岁** 的时候才成年。

猩猩的幼年期时长排在人类之后，它们在出生后的 **8年** 时间里都要依靠父母。

有些种类的鳉鱼出生后仅 **17天** 就已经成年了，并且能够繁殖。

家雉出生后马上就能照顾自己，它们在被孵化后的 **24小时** 就可以飞行。

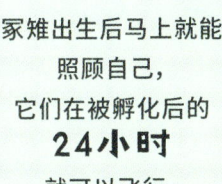

吸蜜蜂鸟
6.35 × 3毫米

蓝山雀
16×12毫米

欧亚鸲
20 × 15.5毫米

白氏地鼠龟
41.5 × 34毫米

蠵龟
41×41毫米
雌性蠵龟一次能产下超过100颗蛋。

鸡（中等体形）
55×(40—48)毫米

加拿大黑雁
86×58毫米

鸵鸟
150 × 130毫米
一颗鸵鸟蛋的重量约为 **1.4千克**，和 **22个** 鸡蛋加起来的重量差不多。

象鸟
310 × 230毫米
有史以来最大的鸟蛋来自一种生活在马达加斯加岛上的巨鸟——象鸟，它们在17世纪前已经灭绝。最大的象鸟蛋重量超过 **12千克**，和 **192个** 鸡蛋加起来的大小差不多！

寿命

地球上的生命丰富多彩，
各种生物的寿命也千差万别，
来看一些活得最短和活得最长的动植物吧！

400年
格陵兰睡鲨的寿命大约能达到400岁，它们在150岁左右的时候才开始繁殖。

快速生长的草
拟南芥的寿命一般不会超过 **5—7周**，在这段时间里，它可以长到30—40厘米高，产生大约10000个种子。

雅娜·卡尔曼特
世界上最长寿的人之一。
她出生于1875年，1997年去世，享年122岁164天。

2—2.5年
黄金仓鼠是人类最喜爱的宠物之一。

14—15个月
在野外生存的哺乳动物中，鼩鼱的寿命最短。

71.5年
根据2015年的调查，全球人口平均寿命达到71.5岁。

4—5天
有些腹毛动物从一粒卵到成年只需要3天的时间，再过一两天它们就会死亡。

一只名叫亨利的喙头蜥生活在新西兰南部博物馆及艺廊，2015年它度过了自己的120岁生日。

24小时
蜉蝣是所有已知生物里寿命最短的。

60年以上
喙头蜥的平均寿命是60年，但有些个体的寿命要长得多。

100—200天
德国小蠊的寿命并不长，但是它非常顽强，即使没有头也能存活1周。

60—70年
亚洲象通常能活这么久。

50—60年
这是野生米切氏凤头鹦鹉的寿命。

古老的葡萄树
已知最古老的葡萄树在斯洛文尼亚，大约拥有 **400—500年** 历史，现在每年仍然能够产出35—55千克的葡萄。

高龄的松树
美国加利福尼亚州的一棵狐尾松已有 **4800多岁**，并且仍在生长！这棵树在古埃及早期的时候还是一株幼苗。

姊妹叶
百岁兰生长在非洲纳米布沙漠，尽管它看起来一团杂乱，但实际上它只有2片叶子。人们推测一部分百岁兰已经生长了超过1500年。

100年
陆龟通常能活到100岁左右，但有些也能活到接近200岁。

截至2021年，一只名叫乔纳森的巨型陆龟已经有大约189岁了。1882年，人们曾把乔纳森从印度洋塞舌尔群岛运送到大西洋圣赫勒拿岛，它在那里生活至今！

500年以上
蛤蜊能活得非常久。

2006年，人们曾在冰岛附近的海域捕捞到一个名为"明"的北极蛤，但是在科学家的研究过程中，这个已经活了507年的北极蛤死亡了。它出生于1499年，也就是明朝弘治年间。

4—5个月
拉波德氏变色龙在卵里会发育8—9个月，但是孵化后只能生存4—5个月就会死亡。

150年
露脊鲸是所有鲸类中最长寿的。

2007年，人们曾发现一只露脊鲸的身体上有一个19世纪的鱼叉尖端。科学家还发现过另一只露脊鲸，认为它大约已有211岁。

35—40年
这是野生大猩猩的平均寿命。

4265年
深海黑珊瑚生活在数千米深的海底。2009年，人们在夏威夷群岛附近的海域发现的一种深海黑珊瑚年龄已经超过了4000岁。

永生
道恩灯塔水母是一种体形微小的水母，具有不同寻常的生命周期。它诞生的时候是幼虫，在长成成年水母之前会以水螅的形态把自己固定在海底。但它还能翻转这个过程，即从成年水母变回水螅，这意味着它永远都不会真正死去。

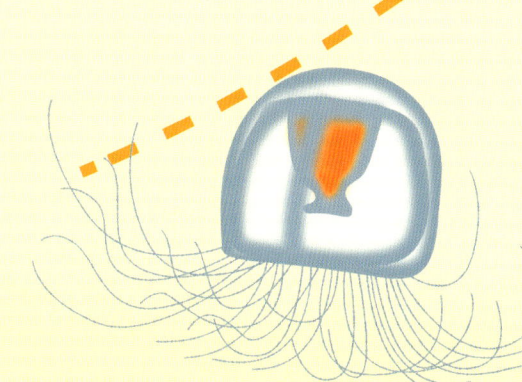

把地球的历史缩成一年

地球的历史可以追溯到45.5亿年前，我们很难想象它如何度过如此漫长的时间。下面是我们把地球的历史压缩成一年之后的样子。

一月 1 约45.5亿年前
当引力把尘埃、气体和其他物质吸引到一起时，**地球**就逐渐形成了。这颗新的行星围绕一颗新的恒星运转——太阳。

一月 7 约44.7亿年前
地球的卫星——**月球**形成了。

三月 2 约38亿年前
小行星、彗星以及风暴停止轰击地球。

三月 26 约35亿年前
单细胞生物出现。

六月 22 约24亿年前
地球的大气层出现了大量**氧气**。

七月 16 24亿—21亿年前
在持续差不多3亿年的**休伦冰河时期**，地球变成了一个巨大的"雪球"。

八月 1 约21亿年前
最早的**多细胞生物**出现。

十月 4 约11亿年前
罗迪尼亚超大陆形成，并在此后2.5亿—3亿年间解体。

十一月 4 约7.2亿年前
另一个持续约1亿年的**冰川期**（瓦兰吉尔冰期）冻结了地球的大部分地区。

十一月 19 约5.3亿年前
早期的**鱼类**在海洋中遨游，其中一些也是最古老的脊椎动物。

十一月 24 约4.65亿年前
植物开始在陆地上生长。

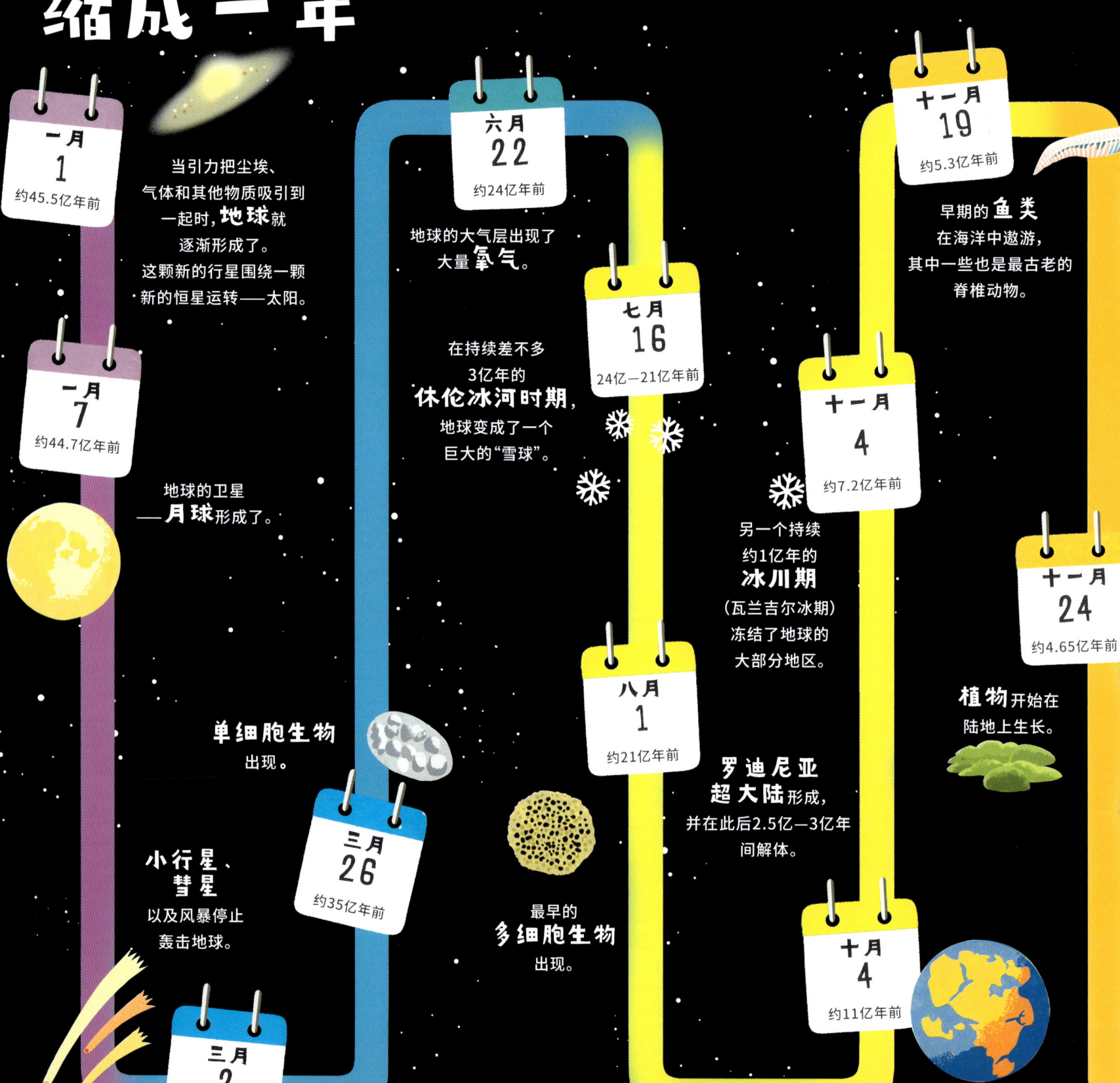

新年快乐！

目前生活在地球上的每一个人，都是在这一年的最后一秒钟出生的。

1... 1969年 人类首次登上月球。 23:59:59

2... 1789年 法国大革命爆发。 23:59:57

3... 1602年 莎士比亚完成戏剧《哈姆雷特》的创作。 23:59:56

5... 1347—1353年 黑死病（鼠疫）夺去了欧洲数千万人的生命。

4... 1492年 哥伦布横渡大西洋，到达加勒比海的巴哈马群岛。 23:59:55

十二月 15 约2亿年前
这是恐龙称霸陆地的时代，但如果把地球的历史压缩到1年，那么恐龙只能再生存 **11天**。

十二月 19 约1.5亿年前
很多科学家认为，最早的**鸟类**从有羽毛的恐龙演化而来。

十二月 13 约2.3亿年前
最早的**恐龙**从爬行动物进化而来。

十二月 21 约1.3亿年前
能够**开花**的植物出现了。

十二月 7 约3亿年前
早期的大陆结合形成了**潘吉亚超大陆**。

十二月 31 公元前2560年
古埃及人开始建造**金字塔**。
23:59:27

十二月 31 约30万年前
人类——**智人**出现了。
23:25:20

最早的**猿类**从猴子演化而来，其中一些后来又进化成大猩猩以及人类的祖先。

十二月 29 约2500万年前
23:59:54

十二月 26 约6500万年前
一些科学家推测，当时有一颗巨大的**小行星**撞击地球，导致了气候变化和恐龙**灭绝**。

十二月 31 公元前776年
第一届古代奥林匹克运动会在古希腊举行。
23:59:40

十二月 31 公元117年
在图拉真皇帝的统治时期，罗马帝国发展到顶峰。
23:59:46

89

发现更多

https://wmo.asu.edu/content/worldmeteorological-organization-globalweather-climate-extremes-archive
这里有世界气象组织的资料档案,可以访问全球和区域天气记录。

https://www.convert-me.com/en/
这个网页里有转换各种测量单位的程序,比如你可以把亩转换为公顷,把磅转换为千克等。

https://scaleofuniverse.com/
你会在这个奇妙的视觉网站上收获很多乐趣!只要来回拖动滚动条,你就可以放大和缩小物体,从一个原子的几分之一到人类已知最大的恒星,甚至是星系。你还可以点击这个物体,学到更多相关知识。

https://kids.britannica.com/
著名的大英百科全书网站的儿童主题部分,内容丰富可靠。

http://www.eamesoffice.com/the-work/powers-of-ten/
观看一部时长9分钟的短片《十的次方》,这部短片是在1977年制作的,导演查尔斯·埃姆斯和雷·埃姆斯讲述了一个关于万物尺度的精彩故事。

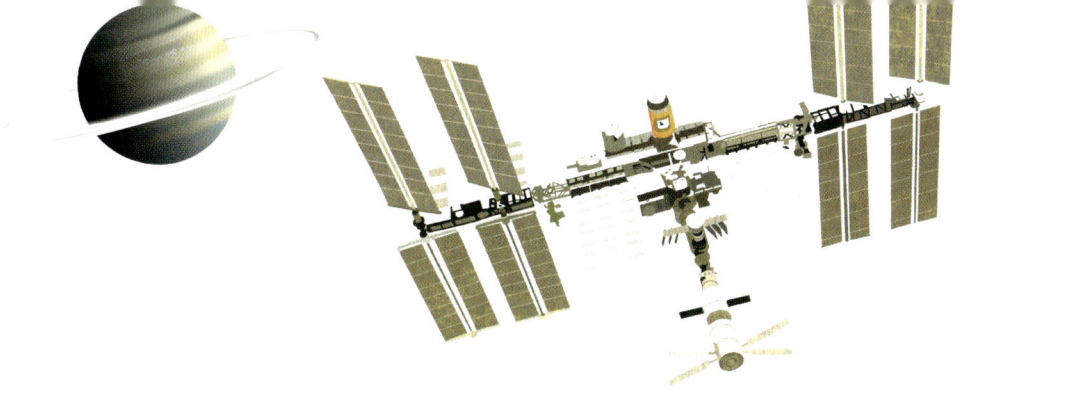

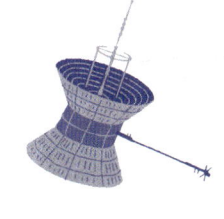

http://coolcosmos.ipac.caltech.edu/asks
在"询问天文学家计划"的主页上,可以看到由顶尖天文学家和美国国家航空航天局科学家回答的几十个关于太空的常见问题。

https://www.ted.com/talks/jon_bergmann_just_how_small_is_an_atom
乔恩·伯格曼的TED演讲动画,讲述了原子结构以及与日常事物相比它们到底有多小,时长6分钟。

以上网站的所有内容都是高质量的教育材料,并符合年龄要求,但我们仍然强烈建议未成年人需在负责任的成年人监督下上网。

索引

A
阿波罗 26, 70, 71
澳大利亚 10, 24, 33, 36, 37, 68, 69, 83

B
斑马 37, 51
板球 60
棒球 60, 61
北极熊 24, 83
本星系群 40
蹦极 59
比邻星 39
蝙蝠 47
变色龙 47, 87
标枪 60
冰雹 18
冰川 34
冰河时期 88
冰球 60, 61

C
仓鼠 86
长颈鹿 22, 24, 50
长吻原海豚 63
超环面仪器 75
沉船 30
撑杆跳高 61
船 66, 67

D
DNA 49
大王乌贼 7, 23, 30, 50, 68, 80
大猩猩 76, 87
大型强子对撞机 33, 75
大熊猫 84

淡水 20, 21
淡水湖泊 34
地球 38, 39
  历史 88, 89
  能量 14, 15
  水 6, 20, 21
  引力 42, 43, 88
  直径 35, 40
地震 15
登山家 59, 83
低空跳伞 58
电 16
貂熊 76
冬眠 82
动物
  成长 84, 85
  大小 46, 47, 50, 85
  感官 80
  能量 17
  排泄 56, 57
  迁徙 36, 37
  强壮的 76, 77
  妊娠 84
  食物 56, 57
  寿命 86, 87
  速度 18, 64, 65
  幸存者 82
  有毒的 78, 79
  幼崽 53, 84
  重量 52
洞穴 29, 34
毒液 78, 79
独轮车 36

E
俄罗斯 33, 35, 37
鳄鱼 50, 79, 83

F
梵蒂冈 10
芬兰 28
粪便 57
风 18, 19
风筝 27
蜂猴 79
腹毛动物 86

G
橄榄球 60
高尔夫球 60
高角羚 63
格兰特驯鹿 36
公路列车 68
狗 37, 79
管道 35
光年 39, 40, 41
光速 39
龟 18, 47, 85, 87
蛤蜊 87

H
海拔 27
海豹 85
海平面 30, 31
海滩 34
海王星 38, 39
海啸 7, 14
海洋 20, 21, 30, 31

92

航天飞机 71
航行 37
好奇号火星车 71
和平号空间站 37
河马 51, 53, 79
黑死病 89
黑犀牛 51
恒星 39, 42, 88
红袋鼠 62, 84
滑雪 59
缓步动物 82
喙头蜥 86
火箭 67
火星 25, 35, 38, 39, 42, 71

J

机器 72, 74
肌肉 13
积雨云 7, 19
极限运动 58
集装箱船 69
家鼠 18
建筑
    埃菲尔铁塔 25, 29, 34, 49, 69, 82
    比萨斜塔 22
    大桥 35
    高度 25
    哈利法塔 25, 28, 31, 74
    金字塔 10, 14, 28, 89
焦耳 16
角马 37
金矿菌 29
金星 38
京杭大运河 35
鲸

白鲸 83
蓝鲸 7, 17, 29, 50, 51, 52, 53, 56, 57, 68, 72, 85
露脊鲸 87
抹香鲸 31
潜水 31
座头鲸 36, 51, 83
飓风 19

K

可观察到的宇宙 41
空间站 26, 37, 70
恐龙 29, 54, 89
跨栏 61
昆虫
    臭虫 83
    大黄蜂 7, 27
    弹尾目昆虫 29
    德国小蠊 86
    飞蛾 56
    蜉蝣 86
    蝴蝶 36, 44
    黄蜻 36
    蝗虫 62
    火蚁 82
    寄生蜂 48
    甲虫 77
    甲螨 77
    蚂蚁 76
    沫蝉 63
    强壮的 76, 77
    速度 64
    体长 44, 48
    跳蚤 62
    蚊子 79
    竹节虫 44

L

拉尼亚凯亚超星系团 40, 41
篮球 61, 62
里氏震级 15
力量 76, 77
猎豹 17, 19, 23, 65
磷虾 17, 56, 83
羚 64
令人惊叹的高度 26
流感病毒 49
龙卷风 19
罗迪尼亚超大陆 88
罗马帝国 89
骆驼 83

M

马 85
蟒 73, 83
猫 65, 81
牦牛 27
美国国家航空航天局 40
美丽侏袋貂 46
美洲狮 63
蒙古 11
猛犸洞穴 34
米粒 48
冥王星 38, 43
木星 38, 43

N

纳米 48, 49, 75
耐辐射奇球菌 82
南非 28, 29, 74
南极 18, 25, 32, 33, 34, 83

尼罗河 34
年龄 11, 87
鸟
　北极燕鸥 36
　蛋 57, 83, 85
　鸸鹋 51, 76
　蜂鸟 7, 17, 36, 47, 57, 64, 65, 85
　黑头林鵙鹟 79
　虎皮鹦鹉 51
　加拿大黑雁 85
　米切氏凤头鹦鹉 86
　漂泊信天翁 36, 50
　企鹅 36, 64, 83
　丘鹬 65
　赛鸽 19, 65
　秃鹫 27, 57
　鸵鸟 18, 24, 50, 64, 85
　象鸟 85
　鹦鹉 86
　鹰 76, 80
　游隼 7, 65
　冢雉 85
疟疾 79

P

潘吉亚超大陆 89
跑酷 58
皮肤 13, 48, 81
皮划艇 58
皮氏倭狐猴 46
片脚类动物 30
乒乓球 60
平衡车 67
蒲福风级 18
瀑布 34

Q

气态 20
千瓦 16
潜水 31, 58, 83
潜艇 37

鼩鼱 83, 86

R

热气球 26
热泉 21, 30
人类
　长度 12, 13
　长寿 86
　大脑 13, 21
　感官 80
　骨头 12, 21
　能量 17
　人口 10, 11
　妊娠期 84
　身高 24, 50, 54
　身体 12, 13, 21, 48
　生长 12, 84, 85
　寿命 86
　速度 64
　小肠 13
　婴儿 85
　运动员 64
　重量 13, 43
　祖先 89
日本猕猴 57

S

三趾树懒 17
沙漠 33
山 25, 27, 59, 83
　安第斯山脉 34, 35
　长度 34, 35
　高度 25, 27
　火山 25, 32
　雪崩 14
　珠穆朗玛峰 7, 25, 27, 31
山地自行车 58
珊瑚 30, 87
闪电 7, 15, 16, 19
伤寒杆菌 49
上海 10

蛇 47, 78, 79, 83
射箭 60
深度 28, 29, 75
甚大望远镜 74
狮子 57
鼠 62, 79, 82
树
　高龄 87
　红杉 24
　猴面包树 23
　狐尾松 87
　花旗松 24
　巨杉 22
　沙箱树 23
　雪曼将军树 22
　野生无花果树 28
　棕榈树 23
　最大的 22
　最高的 24
水肺潜水 58
水母 30, 78, 87
水星 38
斯普特尼克1号 71
隧道掘进机 73

T

太空 67, 70, 71
　距离 39
　直径 40, 41
太空球 59
太阳 19, 33, 37, 38, 39, 40, 42, 43, 88
太阳系 40
汤氏瞪羚 37
天气 18
天王星 38
天文台 74
挑战者深渊 31
跳伞 58, 59
跳水台 61
跳跃 42, 43, 62, 63
听力 81

铜原子 49
土星 38, 43
兔子 85
唾液 13

W

蛙 32, 33, 47, 62, 78
瓦特 16
网球 60, 61
微观生命 48
卫星 26, 71
温度 7, 18, 29, 32, 33, 82
 全球表面平均温度 18
 行星的表面平均温度 38
蜗牛 45, 65
无齿翼龙 54

X

蜥蜴 50, 77
细菌 29, 49, 82
夏威夷 32
仙女星系 39
咸水 21
显微镜 48
象 18, 19, 24, 50, 51, 56, 57, 64, 70, 71, 77, 79, 81, 86
小行星 21, 88, 89
蟹 36, 50, 76
星鼻鼹 56
星系 39
猩猩 85
行星 38, 42
雪 14, 19, 59, 82, 83
雪崩 14
血液 13

Y

雅鲁藏布大峡谷 34
亚马孙河 37
岩浆 32
盐 12, 47, 48

氧气 88
伊朗 33
银河系 39, 40
游泳 37, 64
鱼
 灯笼鱼 31
 电鳗 16
 飞鱼 64
 鲥鱼 85
 密斑刺鲀 30
 鲶鱼 81
 旗鱼 7, 65
 鲨 46, 64, 79
 射水鱼 63
 速度 64, 65
 体长 30, 46, 50
 小丑鱼 51
 雪冰鱼 32
 有毒的 30
 原鳍鱼 83
 最深的 30
宇航员 37, 70
羽毛球 60
雨 19
浴缸 13, 23, 53, 73
原子 75
月球 26, 35, 39, 42, 70, 88, 89
运动 58, 59, 60, 61, 62, 63
运载工具
 SUV 21, 68
 长度 68, 69
 风力汽车 66
 火车 37, 66, 68, 69
 卡车 67, 68, 72
 喷气式汽车 67
 起重机 72
 汽车 6, 37, 53, 67, 68, 76
 赛车 59, 76
 双层大巴 62, 63, 74
 速度 7, 66, 67
 坦克 66
 推土机 73

Z

章鱼 30, 50, 78
蜘蛛 27, 45, 47
直升飞机 66
植物
 百岁兰 87
 高山植物 27
 古老的 86
 巨藻 85
 历史 88
 拟南芥 86
 葡萄树 86
 热带兰 23
 寿命 86
 王莲 23
 叶片 23
 棕榈树 23
质子 75
中国澳门 11
种子 22, 23, 63
自由落体 58
自由女神像 19, 26, 63
自由潜水员 58
足球 10, 13, 30, 52, 53, 60, 61, 69, 70, 85
最深的根 28

我们如何衡量事物

有些用来进行比较的参照物的尺寸是固定不变的——比如意大利比萨斜塔的高度（除非它继续下沉）。但是有些参照物的尺寸却是不固定的，即便是我们用机器制造的东西，比如沙滩球或铅笔，每一个也会有细微的不同。那么，我们要如何确定需要多少只长颈鹿的身高加起来才能达到比萨斜塔的高度呢？通常，我们会采用一个比较合理的方法明确长颈鹿的身高。

我们一般可以用三种方法：

一、中位数：把长颈鹿的身高按照从低到高的顺序排列出来，找出位置正好在中间的那个数据。

二、平均数：把所有长颈鹿的身高加到一起，再除以长颈鹿的数量，就能够得到长颈鹿的平均身高。

三、众数：找出长颈鹿最常见的身高，然后就采用这个数据。

要找出世界上到底有多少只长颈鹿并对它们进行测量是非常困难的，在这种情况下，平均数无法计算，中位数也不可靠。不过，我们已经测量过许多长颈鹿的身高，那么最好的方法就是采取众数。

在事物之间进行比较并不是一门非常精确的科学，绝对精确的比较是很罕见的。通常情况下，我们会用"大约""几乎""差不多"这样的词做比较。但是，如果你有两个比较精确的测量值，例如一支铅笔的长度或地月之间的距离，你就可以进行更完美的比较了！